超訳 速習 図解

成功はゴミ箱の中に
億万長者のノート

プレジデント書籍編集部 編

はじめに・解説 柳井 正・孫 正義

プレジデント社

はじめに

あなたもよく知っているマクドナルド。

その創業者であるレイ・クロックの生き様が書かれたこの本には、資本主義の世界を生き抜くための考え方と行動原則が詰まっています。

この本は2007年に発売されたベストセラー『成功はゴミ箱の中に』をもとに、語り継がれているレイ・クロックの数々の金言にスポットを当て、編集しました。原典である『成功はゴミ箱の中に』は、日本を代表する２大経営者・柳井正氏と孫正義氏が大いに学び、参考にしたという本です。そのエッセンスを抽出しわかりやすく解説したのが、この『億万長者のノート』です。

まず冒頭において、この２人の経営者がどのようにレイ・クロックの金言を経営に生かしたかを解説しましたので、まずはご一読ください。お２人の経営手法や日々のビジネスにレイ・クロックの考え方がいかに役に立っているかがおわかりいただけると思います。

日々研鑽をつんで、できるビジネスマンを目指している人だけでなく、中学生から大学生まで、広く学生の方々にも読んでもらいたい本に仕上がったと自負しています。レイ・クロックの別名は「世界一、多くの億万長者を生んだ男」。あなたも彼のビジネス哲学を、この本から学び取ってください！

プレジデント書籍編集部

マクドナルド創業者
レイ・クロックが
教えてくれた経営哲学

レイ・クロックの教え子を自認する2人の偉大な経営者、
ソフトバンク株式会社代表取締役社長・孫正義氏（右）と
ファーストリテイリング代表取締役会長兼社長・柳井正氏（左）

「まさにアメリカンドリーム。50歳を超えてから、全米にマクドナルドをチェーン展開しようなどと考える人は、まずいません」
（孫正義）

レイ・クロックがカリフォルニアのマクドナルド兄弟の店を初めて訪れたのは52歳の頃。ミルクシェイク製造器のセールスマンをしていた彼はマクドナルド兄弟の店の合理性や可能性を読み取り、全米にハンバーガーショップをチェーン展開しようと決心しました。52歳という年齢。日本人なら、このままのんびり仕事をしようと思うような年にです。

しかし、レイ・クロックは常に次なるビジネスチャンスを見すえて過ごしていました。「ビジネスは成熟した途端、腐敗が始まる」と考えていたレイ・クロックはあえて専門分野と違う仕事にチャレンジし、ついにはプロ野球球団を買い取るまでに成功したのです。ソフトバンクの孫正義氏は、そんなレイ・クロックのチャレンジ精神に〝アメリカンドリームの原点〟を見出したのです。

孫氏自身、マクドナルドとは縁があります。16歳の時、藤田田氏の会社を訪ね、コンピュータの勉強をしなさいとアドバイスされたことは有名なエピソードですが、その後、藤田氏は日本マクドナルドの創業者となっています。いうなれば孫氏は、日米のマクドナルドの創業者の薫陶を受けた経営者なのです。

「日本の場合、経営のノウハウは『タダで』と思われがちですが、この大変なノウハウは権利であり、お金がもらえる対象。日本マクドナルドを創業した藤田田さんは、この全米展開のマクドナルドのシステムをすべてレイ・クロックさんから教わったと。その原型を創り出したレイ・クロックさんとはどんなにすごい人だろうと想像しました」（孫正義）

最近、孫氏は父親から「正義、私に100万ドルくれないか？」と頼まれたそうです。聞くと父上は、「インドで会社を興したい」と答えたのだとか。74歳という父の年齢を考えると、どうしても賛成できずに「家でおとなしくしていてください」と説得したとか。しかし、インドという国にビジネスチャンスを見出して行動を起こそうとする父親に対して「そういう気持ちを持っていることが素晴らしい」と尊敬の念を抱いたそうです。

この“父親の話”を孫氏は、ジョン・ルース在日本アメリカ合衆国大使との対談の中で触れながら、レイ・クロックが52歳にして起業した精神力をたたえます。「心が若く、その精神が若ければ、体の年齢は関係ない。心が若いこと、それが一番大切なこと。年を取ると同時に、気持ちまでどんどん年を取ってしまうのは良くないことです。気持ちは常に若く——そういう人生こそが素晴らしい」と。たとえ人から無鉄砲と言われても、何度でも孫正義という人生を生きたいという孫氏。氏自身、54歳の現在も、まさにレイ・クロックと同じ気持ちで事業にぶつかっているのです。

「のほほんとやっていたら、あっという間に潰れてしまうのがベンチャー企業。波瀾万丈ではあるけれど、やっている本人にしては、面白くてしかたない人生だと思っている」（孫正義）

ファーストリテイリングの代表取締役・柳井正氏も、レイ・クロックを師と仰ぐ経営者のひとりです。

「レイ・クロックが始めた『いつでもどこでも誰でも食べられる』というファストフードのコンセプトに触発されて、私も『いつでもどこでも誰でも着られる』チェーンをつくろうと思いたちました」というくらいですから、レイ・クロックが存在せずマクドナルドもなかったら、ユニクロも生まれていなかったかもしれません。

自分の事業は1勝9敗。失敗の連続の中に成功がある——と考える柳井氏も、孫氏と同じようにチャレンジ精神こそが企業を強くし大きくすると考えています。そして、失敗からも学び取るという貪欲さを持つことが、組織だけでなく、個人を成長させると言及しています。

「失敗とどう向き合うかは大切です。成功者を見ていると、レイ・クロックに限らず、誰もが事業の失敗をきちんと受け止め、そうして前進している。マイクロソフトのビル・ゲイツは『You must worry』と強調している。これは『悩みなさい』という意味でしょう。つまり、社員一人ひとりが悩み、壁にぶつかってみなければ成長はないということを言っているのです」

成功への原理原則は、頭で「理解」しているだけではダメ。失敗の痛みの中から拾い集めて、初めて骨身に染みて「わかる」ものなのです。

「ファーストリテイリングの『ファースト』はファストフードから取ったものなんです。以後も、マクドナルドのシステムはずいぶんと研究しました」（柳井正）

「会社は無限の成長をしない限り存在意義はない。私はそう考えています。そうでないといつの間にか組織が老化し、腐敗してしまう。レイ・クロックは『未熟でいるうちは成長できる。成熟した途端、腐敗が始まる』と言っています。会社は常に未熟で、しかも成熟へ向かっている。そんなときが会社にとって健康な状態なんですよ」（柳井正）

　経営者というものは常にプレッシャーにさらされています。それは日本有数の経営者、柳井氏も同じです。
「真剣に企業経営している人は『ひょっとしたらオレの会社はダメになるかもしれない』という危機感を持ちつつやっています。そして、経営者なら誰もが『金がない』という現実と直面したことがある。どれほど優良企業といわれているところでも、経営者はそうした体験をしているはずです。それが当たり前。では、どうやって、お金のない時期を乗り越えていくか。それはこつこつお金を貯めて、自分の信用力を高めるしかない。一攫千金を狙って訳のわからない投資をするなんてことは馬鹿げたことです。我々のような小売業では日々の小さな単位のお金が貴重です。そうしたお金を少しずつ積み重ねていくしかない」

この本の中でも、レイ・クロックが金策に頭を悩ませるシーンが何回か出てきます。しかしレイ・クロックは決して「本業」をおろそかにしません。夜になっても看板の電気が点いていなかったり、店の前にゴミが落ちていたりすれば、店長を怒鳴りつけながらも、なぜその仕事が必要なのかを真剣に伝えます。そして自分も決してトイレの掃除を怠りません。そこには社長であるとか、従業員であるといった上下関係やセクションの区別はありません。そこに柳井氏は商売人として一番大切な哲学を読み取ります。

「僕は座右の銘を教えてくれと頼まれたとき、こんなことを書きます。
――店は客のためにあり、店員とともに栄える。店主とともに滅ぶ――」（柳井正）

柳井氏はこうも言います。
「店は客のためにあるという部分はよく知られています。しかし、客を大切にして店員と心を合わせれば店は大きくなる。ところが店主がエゴを持ち出して、店を私物化した途端に滅びてしまう。当たり前のことなのだけれど、これもまたわかっていない経営者が多い。会社がダメになるのは経営者の心がけです」
本書でご紹介するレイ・クロックの半生記には、孫氏、柳井氏のお２人を納得させた「金言」がゴロゴロしています。あなたもぜひ、それらの言葉をこれからの人生の糧にしていただけたら幸せです。

マクドナルドの創業者、
そして世界一、多くの
億万長者を生んだ男の
異名を持つレイ・クロックの肖像
Photo by Art Shay/Time Life Pictures/
Getty Images/AFLO

レイ・クロック年表

西暦	年齢	主な出来事
1902年		シカゴ市の西の外れ、オークパークに生まる。父ルイス・クロックはウエスタン・ユニオン社に勤務。母ローズより幼い頃からピアノを教えられる。
1919年	17歳	装飾リボンのセールスを始める。夏に最初の妻、エセルと知り合う。シカゴの金融街で、ボードマーカーも経験。
1920年	18歳	父の転勤に伴い、ニューヨークへ。
1921年	19歳	ペーパーカップを売っては週に35ドルを稼ぎ、夜はアルバイトでピアノを弾いていた。
1922年	20歳	リリーブランドのペーパーカップ会社の営業職に就く。エセルと結婚。
1930年	28歳	父、脳卒中で他界。
1938年	36歳	マルチミキサーのセールスを始める。
1948年	46歳	この頃マルチミキサーのセールスは8000台に。ジューン・マルティーノがビジネスパートナーになる。
1954年	52歳	マクドナルド兄弟からフランチャイズ権を獲得。
1955年	53歳	マクドナルド1号店のデスプレーンズ店が4月15日に開店。ハリー・ソナボーン入社。
1956年	54歳	フレッド・ターナー入社。
1961年	59歳	マクドナルド兄弟から商権を270万ドルで獲得。
1965年	63歳	株式公開。
1974年	72歳	サンディエゴ・パドレス買収に乗り出す。
1984年	81歳	1月14日、カリフォルニア州サンディエゴで死去。

Contents

「成功はゴミ箱の中に」億万長者のノート　目次

カバー・本文撮影◎小倉和徳
本文撮影◎大沢尚芳
岡倉禎志

第1章

トップセールスマンの誕生

仕事とは、その人の
人生にとって、
「ハンバーガーの肉」
のようなものだ

「仕事ばかりして遊ばなければ、人間、ダメになる」

と言う人がいますが、世界一たくさんの億万長者を生んだ男、マクドナルドの創業者レイ・クロックは決してその言葉に同意しませんでした。

「私にとっては、仕事が遊びそのもの。野球をして得るのと変わらない喜びを仕事からも得ている」――それが彼の仕事観でした。

そう、レイにとっては、仕事は遊びそのものなのです。幼い頃、彼の楽しみは野球でした。ゴミ箱の蓋《ふた》をホームベースにして、ほころびた黒いテープがグルグルと巻かれたボールを追い回し、シカゴ・カブスの選手の足のサイズまで暗記して路地裏で友人たちと野球談議をしたことは、何よりも素晴らしい思い出でした。彼は、その子供のときと同じ情熱を持って、仕事にあたっていたのです。

「仕事とは、その人の人生にとって、〝ハンバーガーの肉〟のような存在である」という言葉は、そんなレイ・クロックの人生と仕事への取り組み方を端的に表すひと言です。

ハンバーグは、ドイツの都市・ハンブルク生まれの挽き肉料理です。そのハンバーグを挟んだサンドイッチがハンバーガー。ですからハンバーガーは、〝ハンバーグという肉があってこそ〟の食べ物なのです。言葉を換えれば、ハンバーグが入っていなければハンバーガーではないのです。きっとレイ・クロックはこの言葉を通して、「打ち込める仕事がなければ、それは人生ではない」と言いたかったのでしょう。

こんなセリフが出てくる背景には、レイ自身が以前に、ハンバーグが入っていないハンバーガーを売ろうとして、大失敗した苦い経験があるからに違いありません。

そのハンバーガーの名はフラバーガー。２枚のチーズと焼いたパイナップルをトーストしたパンに挟んだ食べ物です。フラバーガーという名前の由来は、パイナップルが入っていることからハワイをイメージするフラダンスの〝フラ〟を名前に冠したのでしょう。

レイ本人は、「大成功したフィレオフィッシュより成功する！」と自信満々でした。しかし、実際に販売してみると、全くの鳴かず飛ばず。挙げ句の果てにお客さんから、「フラは好きだけど、バーガーはどこ？」とからかわれるというさんざんな結果だったのです。確かに、フラバーガーには肉の代わりに焼きパイナップルが入っているだけですから、「バーガー（肉）はどこ？」と言われても仕方がありません。

そういうエピソードから考えると、仕事＝ハンバーガーの肉というこの言葉には、もうひとつの意味が隠されているのかもしれません。つまり、「仕事というもの抜きで人生を考えてしまうと、あとで笑いものになる」という意味が……。

未熟でいるうちは成長できる。

成熟したとたん、

腐敗が始まる

ようやく20歳になるかならないかの頃、レイ・クロックは1920年代初頭、ペーパーカップを売って週に35ドルを稼ぎ、夜はアルバイトでピアノを弾くという生活を送っていました。

その頃から、彼は仕事を続けながら常に、次なるビジネスチャンスを逃さないように注意を払っていたのです。

ですから、フロリダで土地投資のビジネスが賑わっていると知れば、マイアミに行って不動産業のセールスマンになりましたし、後述するマルチミキサーというミルクシェイク製造器の可能性を信じるや、代理店を立ち上げたりと、〝可能性〟があれば何でもやってみる進取の精神を持っていました。

後にレイは52歳という遅いスタートからマクドナルドを創業し、世界最大のハンバーガーチェーンを築きますが、その50代のときでさえ、「未熟でいるうちは成長できる。成熟したとたん、腐敗が始まる」という思いを変わらずに持ち合わせていたのです。

商売人が一度でも安定志向を目指したら、成長はそこまで。いやむしろ腐り始めます。リスクを恐れず、常に新しいことに挑戦する――この気概こそがハンバーガー王、レイ・クロックを生んだ秘密なのです。

多くのセールスマンは、
商品の紹介や
お客の説得にばかりかまけて、
自分の話を
切り上げるタイミングを
逃している

レイ・クロックは根っからの仕事人間です。中学生のときの夏期休暇や高校時代のランチタイムには、叔父の経営するドラッグストアでアルバイトをし、その賃金のすべてを貯金に回しました。そして高校１年生のときには、そのお金を元手に友人2人とミュージックストアを開店したのです。

それぞれ100ドルを出資して月25ドルで小さな店舗を借り、楽譜やハーモニカ、ウクレレなどを売りました。残念ながらこのビジネスは思わしくなく、店は数カ月後には閉店。在庫をほかの店に売り、残った資金を共同経営者の友人と3等分して幕を下ろしました。

その後、コーヒー豆や装飾小物の訪問販売をして、手応えを感じていたレイは、学校へ戻る気がすっかりなくなっていました。

折しも第一次世界大戦の頃。年齢を詐称して（義勇軍に）入隊した彼が戦地であるヨーロッパに旅立つ寸前に休戦調停が調印され、シカゴに帰った彼は、学校に戻るよう両親に説得されました。しかし、一学期しかもたず、また商売の世界に舞い戻るのです。装飾小物のセールスに自信を持っていた彼は、装飾リボンの販売を始めました。

「腕に自信のある投手は、すべてのバッターに同じ球を投げない」と彼は言います。同様に「自信のあるセールスマンは、客ごとに売り方を変えるのだ」とも。

彼は宿泊先のホテルにサンプルルームをつくり、バイヤーごとの好みを調べ、それに見合った商品を販売しました。副業でやっていたピアノ弾きのアルバイトが順調なときは、父親の収入を上回るくらいだったのです。

その後、ペーパーカップ会社リリー社（後にリリー・チューリップ社）の営業に就き、レイの販売センスはさらに磨かれました。

「多くのセールスマンは、商品の紹介やお客の説得にばかりかまけて、自分の話を切り上げるタイミングを逃している」

という言葉は、ペーパーカップのセールスで試行錯誤を繰り返しながら、順調に売り上げを上げていった経験の裏打ちがあるからこそのひと言です。

レイの流儀は､回りくどい説明を抜きにしたストレートな営業。相手がチラチラと時計や外を見始めたり、机の上の書類を触り始めたら、すぐに話をやめ、注文の受け付けに入るというものです。

客の好みに合わせ、素早いサービスを心がける――まさにファストフードの販売スタイルです。後年のマクドナルドの成功は、ペーパーカップを売る中で培った、徹底した効率主義の営業術が土台になっていたのです。

セールスの相手は、

誰も思いつかないところから

見つけなさい

日本の相場師の世界に、「人の行く裏に道あり花の山」という言葉があります。レイのセールスやマーケティングの手法にも、この言葉を連想させるようなところが多々見受けられます。

シカゴでペーパーカップの営業をしていた頃のレイは、人が思いつかないようなところから顧客を見つけ出すのが得意でした。当時の紙コップは、1オンス（約30ミリリットル）から16オンス（約470ミリリットル）のサイズを製造していました。売れ筋の小さいコップはかき氷を売っているイタリア人の屋台商、ソフトドリンク用の大きいサイズは公園、動物園、ビーチ、競技場、野球場など……。現代の我々からも、想像がつくような場所がほとんどです。

ところがレイが目をつけたのは、それだけではありません。イタリア人が経営する菓子屋ではスプモーニ（カクテルの一種）やピクニック、さらにお祭りや結婚式用に、平たいカップがたくさん売れました。同様のカップはローンデールのポーランド人地区でも引っ張りだこ。「ポヴィードラ」というプルーンバターの容器として、需要があったからです。

レイの商売哲学は、「顧客を儲けさせることが自分の仕事だ」なのです。常にそういう視点で物事を見ているから、世の中のスキマに存在する〝儲けの芽〟を見分けることができたのです。

だからこそ顧客はみな、レイを信頼し、忙しい接客中でもレイが訪れると笑顔で迎えてくれたのです。彼は1人で倉庫へ行き、在庫を調べて足りない分があればペーパーカップを補充しました。また、大口の顧客には、ほかよりも割安価格で契約を結び、ライバル業者より多く彼らが儲けられるよう取り計らったのです。

時には顧客に、「おそらく近いうちにペーパーカップの値段が上がると思う。正式な発表があったわけではないが、その気配がある。いまのうちに在庫を増やしておいたほうがいいかもしれない」といった助言を与え、後でそのことを知った上司にきつく叱られるということもあったといいます。

そんなときレイは、「リリー・チューリップ社にはいっさい損失を与えていない。倉庫には在庫のペーパーカップが山積みになっていたし、私と顧客の信頼関係をより強くしたのだから、文句を言われる筋合いなどない」と考えていました。〝損する人がいるからこそ、得をする人がいる〟というシステムでは、商売はうまくいかないことを知っていたからです。

レイ自身も、〝損する人がいるからこそ、得をする人がいる〟という状況を経験したことがあります。それは、マイアミで不動産のセールスをしながら夜はナイトクラブでピアノを弾いていた1925年頃。酒に溺れたピアニストが本番中に何度も椅子から転げ落ちて負傷し、その結果として高級クラブの仕事がレイに舞い込んだのです。レイは得をする立場ではありましたが、これには何となく罪悪感を持ったと、後に告白しています。

「すべての人がハッピーに」――これこそが仕事の理想。そんなレイの考えが形になったのが、現在のマクドナルドなのかもしれません。

売る数を増やせばいい！

売る数さえ増やせば

利益は上がるのだ！

1930年頃、リリー・チューリップ社に勤めていたレイは、ペーパーカップビジネスにおける新たな戦略を模索していました。ある日、ドラッグストア（日本のコンビニのような形態の店。薬局の役目を果たすと同時に、飲食もできた）の店先でランチタイムを過ごしている人々を見て、レイに一つのアイデアが閃いたのです。

そのドラッグストアの名はウォルグリーン。シカゴで当時急成長中のドラッグストアチェーンです。彼はそこで細かいプリーツの入ったスフレカップを売っていました。ドラッグストア・ウォルグリーンでは、そのスフレカップをソーダファウンテン（店の飲食コーナー）で、ソース入れとして使っていました。

その光景を見たレイは、「飲み物をペーパーカップに入れてテイクアウトのオーダーを受ければ、さらに売り上げを伸ばすことができるのではないか？」と考えたのです。

早速レイは、接客しているマクナマラという男に近づき、自分のアイデアを説明し始めました。マクナマラは肩をすくめながら、「君がまともじゃないか、それとも私をまともじゃないと思っているのか、どっちかね。麦芽乳飲料が、カウンターでは１杯15セントで売れているんだ。それなのに、わざわざペーパーカップ代に1.5セントを余分に払う変わり者がどこにいると思うかね？」と頭を振りながら答えました。

そこですかさずレイは、

「それならば、売る数を増やせばいい！」

と反論したのです。

「このペーパーカップに飲み物を入れてカバーをかけ、バニラウエハースやクラッカーを袋に入れて売ればいいんだ」と。

マクナマラは顔を赤くして声を荒らげました。

「余分にお金をかけて、さらに利益を上げるなんて不可能だ。そのうえにカバーまでかけて。さらに品物を袋に入れる店員の時間まで割くつもりか！」

しかしレイは引き下がりませんでした。その店舗はちょうどウォルグリーンの本社の近くで、客の大半はそこの社員。アイデアに勝算を感じていたレイは、マクナマラにこんな大胆な提案を持ちかけました。

「君が信じないならこうしよう。300個のカバー付きカップを無料で提供しよう。いや、1カ月試すのに必要な分をくれてやる。君のところの客はほとんどが本社の人間だから、ひと月たったら彼らにアンケートをとって、このアイデアが好きかどうか聞いてみればいい。カップは無料なんだ。試してみる価値はあるだろう？」

結果はひと月待つまでもありませんでした。ソーダファウンテンの端に設けた売り場は、初日から大盛況。マクナマラはレイ以上に、このアイデアを受け入れて喜んだのですから。

「売る数を増やせばいい」という発想は、後にマクドナルドを世界中に広めたレイらしい考え方です。しかし、その裏側にはこのエピソードが示すような、彼一流の商売哲学があったのです。

商品が売れないとき……

古い習慣を打ち破れば、

必ず成功する！

1920年代前半、ペーパーカップの営業を始めてまだ日も浅いレイは、夏の間、必死で働いてお金を蓄えなくてはなりませんでした。新しい販路が開拓されていくまでは、ペーパーカップという商品自体が〝夏の季節商品〟にすぎなかったからです。

当時の買い手のほとんどはソーダファウンテン（店の飲食コーナー）でした。狭い店内でグラスを洗う作業は面倒でした。またグラスを消毒するために大量の熱湯を使用すると、店内は常に湯気で覆われてしまうことも問題でした。その点、ペーパーカップは衛生的で、割ってしまう恐れもなく、テイクアウトにも対応できるので、ソーダファウンテンのような店舗にはうってつけだったのです。

しかし、ほかの飲食店では苦戦が続きました。移民系のレストランをしらみつぶしに訪ね歩いて営業をかけても､オーナーは｢グラスのほうが使い捨てのカップより安上がりだ」と、等しくクビを振ります。

冬の間、ペーパーカップビジネスの売り上げは衛生面と利便性が求められる病院や医療機関以外は非常に厳しく、彼らと取引を行っていないレイは「冬眠している熊のような状態だった」と言います。

しかし、そんな厳しい状況であっても、冬になって客足が減ったソーダファウンテンの店主に泣きついて、無理やりペーパーカップを売るようなことはしなかったと、レイは回想しています。なぜなら、「常に顧客の立場に立つのが私の仕事であり、顧客の利益を奪うようなことはすべきではない」という、商売人としての哲学があったからです。

そのような最悪なときでさえ、レイはペーパーカップを売ることに手応えを感じていました。古い習慣さえ打ち破ることができれば必ず成功すると信じ、早朝から、ピアニストのアルバイトが始まる直前の夕方5時半まで、営業に駆けずり回ったのです。

やがて、ペーパーカップ業界に大きな変化が起こりました。シールコーンという、紙製の牛乳パックがニューヨークに広まってきたのです。その当時、シールコーンには開け口がなく、主婦はハサミで上側を切り落とさなければなりませんでした。そのうえ、品質も良いとはいえず需要は伸びていなかったのですが、トウヒという木をパラフィンコートする技術を開発したチューリップ・カップ社が1929年にリリー社と合併すると、その紙製品は従来品と比べてより丈夫になり、コーヒーカップやカッテージチーズの包装など用途が大きく広がったのです。

もちろん、これは技術の進歩が古い習慣を変えたのであって、レイ自身が古い習慣を打ち破ったわけではありません。しかし、

「習慣の変わり目こそ、ビジネスチャンスだ」ということは、レイの頭の中に深くインプットされていたのではないでしょうか。前述のイタリア料理店やウォルグリーンのエピソードを見ても、そのことは明白です。

　後年レイは、マクドナルドという巨大なフードビジネスをつくり上げ、アメリカ人、いや世界の人々の食生活を変えることで、「古い習慣を打破したとき、そこにビッグチャンスがある」ことを実際に証明してみせたのです。

セールスマンは

見た目も、

行動も、

スマートに！

大恐慌の影響、そのすさまじい不況の中でも、レイがセールスマネジャーを務めるセクションの売り上げは順調でした。

手入れの行き届いたスーツと靴、清潔感を与える髪型、よく手入れされた爪……。レイは相手に好印象を与えるためには、外見が大切であることを、部下たちに常に強調しました。しかし、そんなアドバイスは部下たちには不要だったかもしれません。「見栄を張らないように気をつけていたが、部下から見れば、私の格好は憧れであり、私のようになろうと躍起になっていた」とレイは語っているからです。

レイが、部下のセールスマンたちに真っ先に伝えたかったのは、「見た目も、行動も、スマートに」ということでした。そう心がけていれば、セールストークをする機会も、相手から信用される機会も一段と増えることを実感していたからです。また、だらしない服装の部下には、仕事を任せたくないという気持ちも持っていたようです。

後年マクドナルドを経営しているときの話です。部下の女性重役は、「レイがある従業員を解雇したのは、彼がきちんとした帽子をかぶらず、靴の手入れが行き届いていなかったからだ」と信じていました。

それについてレイは、「確かに私は彼の格好が気に入らなかったが、それを理由に解雇したわけではない。彼はミスを頻繁に犯していた。ただ帽子や靴の件は彼のずぼらな思考の表れであり、彼がマクドナルドにふさわしくない人材だと前々からわかっていた」と解雇の本当の理由を明かしています。

人は外見で判断する

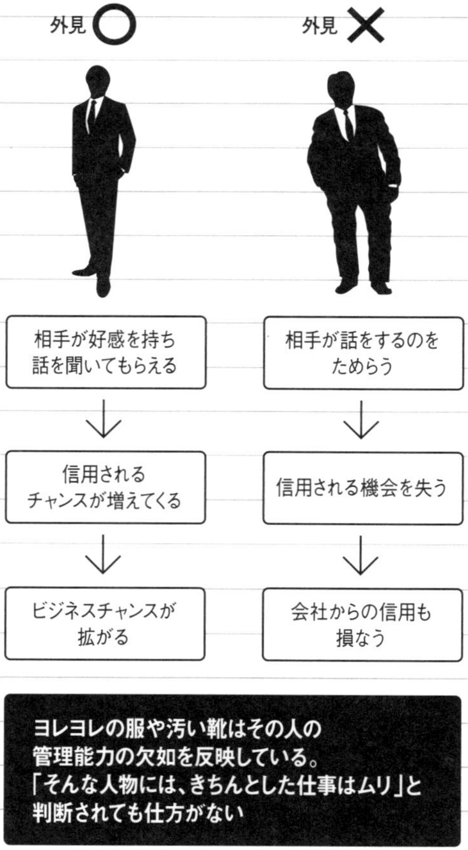
外見 ○
外見 ×
相手が好感を持ち
話を聞いてもらえる
信用される
チャンスが増えてくる
ビジネスチャンスが
拡がる
相手が話をするのを
ためらう
信用される機会を失う
会社からの信用も
損なう
ヨレヨレの服や汚い靴はその人の
管理能力の欠如を反映している。
「そんな人物には、きちんとした仕事はムリ」と
判断されても仕方がない

最初に売るのは
自分自身だ。
それに成功できれば、
ペーパーカップを売るのは簡単だ

商売を円滑に進めるコツは商品を売る前に自分自身を売ること——レイはこの事実を知っている人間でした。それだけではありません。相手のフトコロに入り込み、相手に対して親身になることが、大きな商いをするうえでは大事だということもわかっていました。

営業マンの仕事の第一歩は顧客の需要を満たすこと。それだけなら、それほど信用は必要ありません。お客様の要求に応じることができれば用が足りるからです。

しかし、顧客から信用され、商売の相談を受けたり、顧客に商売へのアドバイスを気軽にできるような関係を築くと、ビジネスは次のステージに進みます。顧客が新しいビジネスを始めることで、新たな需要が生まれるからです。そうすればレイ自身も、その恩恵にあずかれるというわけ。つまり、新ビジネスに〝一枚噛む〟ことで、自分も売り上げを増やすことができるのです。

顧客とともに成長していく——。実はそこに商売の醍醐味があるのです。

そのことを端的に示すのが次のエピソードです。

——アール・プリンスという技術者と、その幼なじみのウォルター・フリーデンヘイデンの２人がイリノイ州でプリンスキャッスル・アイスクリーム・パーラーという小さな店を開いていました。アイスクリームやサンデーを売っていた彼らの店とのビジネスにさらなる可能性を感じていたレイは彼ら２人に、ミシガン州のラルフ・サリバンが開いているデイリー・バーを見学するように勧めたのです。

サリバンのデイリー・バーで扱っているミルクシェイクはほかの店のシェイクとは違い、凍らせた牛乳を使っていたのでキリッと冷たいのが特徴。ボリューム感があるのに低脂肪なので「何杯でもいける」のです。店も最盛期にはペーパーカップを年間で10万個使ってくれるほどの大繁盛。レイはこのシェイクをプリンスキャッスル・アイスクリーム・パーラーで売り出せば、大ヒットすると考えたのでした。

ところが幼なじみのウォルターは、「親切はありがたいが、ミルクシェイクにまで手を広げるつもりはないよ。アイスクリームで十分だ。大量の牛乳瓶で店が手狭になるのもごめんだしな」と申し訳なさそうに返答。しかしレイは引き下がりません。
「ウォルター、あなたのように先を読む力のある人が最新の乳製品に興味を示さないなんて驚きだね。いまは容量５ガロンの冷蔵機能付きミルクディスペンサーもある時代だ。生ビールと同じ要領さ。アイスミルクをここで作ることだって可能なんだ。アイスクリームを作るより安上がりだし、想像できないくらいの収益を生み出すのは間違いない」
そう力説するレイに根負けして、ウォルターとアールの２人はサリバンに会うのです。そして、すっかりフローズンミルクシェイクの虜になってしまったのです。

早速ウォルターとアールの２人はサリバンのシェイクをヒントに「ワン・イン・ア・ミリオン」という新ドリンクを10セントで売り出すことにしました。もちろん、そのペーパーカップはレイの会社の商品です。

そこでレイは、こんな提案をしました。

「10セントではなくて、12セントで売り出してみてほしいんだ」

「レイ、君のセールスマンとしての腕は信用しているよ」とウォルターは静かに言いました。

「だけど小売りの知識はまだまだのようだね。わかるかな、半端な値段は客にもレジにも煩わしいものなんだよ」

ここでもレイは引き下がりませんでした。12セントの価値はあるし、12セントという端数な値段にしたほうがかえって客の興味を引くと考えたのです。レイの激しい説得に根負けしたアールは、ウォルターに言いました。

「わかった。しょうがない。試しに１店だけ12セントで売って、この若造（レイ）にどんな結果になるか見せてやろうじゃないか」

結果は……、空前の大ヒット。彼らは500万杯のミルクシェイクを売り、2セント上乗せした分の利益は10万ドルにまで達したのです。

一口メモ アイスクリームが大流行のアメリカ

禁酒法（1920年、施行）でお酒を売ることができなくなったアメリカのバーは、こぞってアイスクリームを売るようになりました。おかげで1920年代のアメリカは空前のアイスクリームブーム。このとき、アメリカ国民に根づいたアイスクリーム文化は、その後もアメリカの食文化に大きな影響を与え続け、ミルクシェイクやソフトクリームなど、新たな製品を生み出していきます。カップ販売業のレイも、その拡張する市場に目をつけ、ビジネスチャンスを虎視眈々とうかがっていたのです。

第2章

商売の極意

あきらめずに頑張り通せば、

夢は必ず叶う

資本主義の中で自分の居場所を確保するための、私の最初の正念場だった――レイがそのように回想するほどの苦難を迎えたのは、1938年頃です。

この頃、プリンスキャッスル・アイスクリーム・パーラーで一緒にミルクシェイクをヒットさせた技術者のアール・プリンスは、「マルチミキサー」という機械を発明しました。

1/3馬力の業務用モーターが同時に5本の回転軸を動かし、一度に5杯のシェイクを作ることを可能にしたのです。

アールがマルチミキサーの製造を本格的に開始してまもなく、レイはサンプルを借りて自分の勤めるリリー・チューリップ社で説明会を開きました。レイの直属の上司であるジョン・クラークはいたく感動し、ニューヨークのキュー兄弟が筆頭株主でクラーク自身も共同経営者となっているサニタリー・カップ・アンド・サービス社と独占契約を結ぶ運びとなります。

ところがリリー・チューリップ社のニューヨーク本部はマルチミキサーに何の興味も示しませんでした。それどころか、マルチミキサーに関する問い合わせの電話が増えたことに不平さえ言い出すほどでした。

しまいには「我々はペーパーカップ製造者で、中西部の弱小ミキサー業者の卸問屋になるつもりはない」と、レイは本部から宣言される始末……。

ミキサーの発明者・アールは、「リリー・チューリップを辞めて一緒にビジネスをしよう」と、レイにマルチミキサーの総代理人になって利益を折半しようと持ちかけてくれたのです。

ちょうど同じ頃、レイはリリー・チューリップ社に嫌気がさすような出来事に遭遇します。年間500万個のペーパーカップを取引する上得意先である、前出のドラッグストアチェーンのウォルグリーンからレイに情報が流れてきました。ウォルグリーンの重役がライバルのペーパーカップ会社に引き抜かれ、リリー・チューリップ社より５％低い値段でカップを売ろうとしているというのです。

レイはすぐさま上司のジョン・クラークにウォルグリーン社との取引金額を下げて、対抗するべきだと訴えます。ところがレイの提案に対してのクラークの回答はたったひと言。「客を失うような失態をするヤツは、セールスマンとは言えない」でした。

すべてに失望したレイは、妻エセルの反対を押し切り、アールが勧めるマルチミキサーの仕事をすることを心に決めました。

ところがこれがとんでもない苦難の始まりだったのです。

上司のクラークに、会社を辞めてマルチミキサーの代理店を始める決心を伝えにいくと、「それは無理な話だな」と言われました。「権利はサニタリー社が持っている」とサニタリー社の共同経営者でもあるクラークは、そう言うのです。

「そちらが権利を放棄すればいいだけの話です。そもそも会社は何度も私にマルチミキサーには興味がないと言っていた。私があなたの会社から数百万個のカップを買う客になるんだから異論はないでしょう」

　レイの剣幕に押されたクラークは、条件を出してきました。それは契約をレイに譲る代わりに売り上げの60％をサニタリー社に納めるという法外なもの。設立費用１万ドルのうち、60％を出資するサニタリー社はレイの給与を規制できる権利を持ち、レイの給与はリリー・チューリップ社を退職するときの額と同額に設定するという条件も盛り込まれていました。

　しかし、会社との友好関係が保たれると考えたレイは、その条件を受け入れました。ただし、そのときの契約が後々のレイを苦しめることになるのです。

　夢の新発明に思えたマルチミキサーは、なかなかソーダファウンテンやレストランのオーナーには受け入れられませんでした。すでに旧式のミキサーを何台も所有している彼らは、一つのモーターで動くマルチミキサーは、モーターが焼けたらそれが直るまで商売がすべてストップすると考えたからです。

「それぞれにモーターがついているミキサーなら、５台のうち４台が壊れても何とか商売ができる」と言われると、レイには返す言葉がなかなか見つかりません。それでも、おおむね興味は持たれ、ヒットする確信がレイにはありました。

しかし報酬に対しては大いに不満が残りました。意を決したレイは、すべての権利を手にしようとクラークの元へ交渉に行きます。そこで知ったのは驚くべき事実……。

実はクラークは、とうの昔にキュー兄弟からサニタリー社のすべての権利を買い取っていて、筆頭株主となっていました。レイは初めからクラークにだまされていたのです。

「権利をよこせというなら、最初の出資金6000ドルを返してもらうだけでなく、相応の報酬を支払ってもらわなければな」

と、クラークは言いました。

「いくら欲しいんだ？」

「６万8000ドル……」――それがクラークの返答です。

妻に内緒で自宅を担保に入れ、途方もない借金を背負ったレイですが、この苦難の時期があったからこそ、マクドナルドを成功させることができたと、後に語っています。この後に迎える想像を絶するような債務を乗り切れたのは、このときの経験があったからだと言うのです。

38年後、レイがダートマス大学の卒業生に対して行った「企業家の心得」という講演の言葉に、彼自身の真意がにじみ出ています。

「あきらめずに頑張り通せば、夢は必ず叶う。もちろん、努力もせずに手に入るものではない。ひょっとしたら一文無しになるかもしれない。けれども、一度決めたことは絶対あきらめてはいけない。成功にリスクは必ずつきまとう。しかし、それこそ醍醐味である」と。

マルチミキサー

最初は6軸、のちに5軸に変更された。一度に軸の数だけのシェイクを作ることができた。

一度に一つのことしか悩むな！
そして問題をいつまでも
ズルズルと引きずるな！

商売は大きくなればなるほど利益も増えるが、その半面、リスクも増えていきます。そのリスクに対する耐性の有無が、小市民で終わるか、偉大な事業家になれるかの分かれ目になるのかもしれません。

レイがそんなビジネスマンにとって大切な〝リスク耐性〟を身につけたのは、上司のクラークから借金を背負わされた1938年頃です。問題に押し潰されない最良の方法とは、〝一度に一つのことしか悩まず、問題をズルズル引きずらないこと〟だと割り切れたからです。

同時に、毎晩眠りに就く前に自分流の自己催眠法を行いました。その催眠法とは……。

——まず頭の中に黒板をイメージする。

そしてその黒板は緊急のメッセージで埋め尽くされているが、黒板消しを持った手が、それらを片っ端から消してきれいにしていく。

こうしてレイは独自に編み出した催眠法によって、頭の中を空っぽにしたのです。

途中で雑念が生まれたら、大きくなる前に消し去った。

次に、身体をリラックスさせた。

その「リラックス」は首の後ろから下がっていき、肩、背中、腕、足、そして指先まで。

そしてそれらが終わる頃には深い眠りに就いていた。

慣れるに従って、一連の手順を短時間でできるようになっていったのです。

ハッキリとは憶えていないが、この催眠法は何かの本を参考に自分でアレンジした方法だとレイは語っていますが、効果は絶大でした。

１日14時間働いた後に得意先の接待を夜中の３時まで続け、翌朝早起きして、また顧客に会いに行く……。そんなレイの生活を支えたのは、この自己催眠法によって得られた、質の高い睡眠だったと彼は断言しています。

レイの持っていた強靭なストレス耐性の秘密……、それは良質の睡眠と悩みすぎない〝割り切った心〟だったのです。

レイ・クロック式安眠術

❶ 頭の中に予定で埋まっている黒板をイメージ

❷ 黒板を消し去っていくイメージ

❸ 首の後ろから肩、背中、腕、足、指先まで
「リラックス」が下がっていくイメージをする

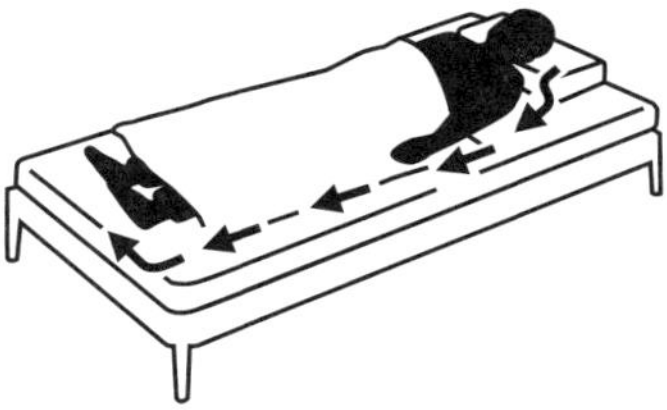

売る商品を持たない
セールスマンほど、
無価値なものはない

1941年の末、借金を背負ったレイにさらなる苦難が舞い込みました。それは日米開戦です。「真珠湾への奇襲攻撃により、私はマルチミキサービジネスから放り出された」と、そのときの様子をレイは表現しています。

なぜかといえばマルチミキサーのモーターの軸に使われる銅の供給が戦時需要品として制限され、商品を売ろうにも売る商品を製造することができなくなってしまったからです。

「売る商品を持たないセールスマンほど、無価値なものはない」は、そのときの絶望感から生まれたつぶやきなのです。

商売というものは、営業だけでは成り立ちません。製品開発によって、「売れるもの」をつくり出すことも、大切な商売の一面です。

後のマクドナルドにおいても、フィレオフィッシュやビッグマック、ホットアップルパイなど、数々の製品開発をおろそかにしなかったのも、「売れるものなし」では商売は立ちゆかなくなることを、レイ自身がこのときの体験を通して骨身に染みて感じていたからなのです。

仕事に対して

つねに全力投球する者には

売り上げ目標など必要ない！

第二次世界大戦が終わると、アメリカ経済は活気を取り戻し、類を見ない好況となります。業界ではソフトクリーム店がフランチャイズ展開し、活況を呈していました。レイはこの成長マーケットにマルチミキサーを売り込み、デイリークイーンやテイスティフリーズといった大手ソフトクリームチェーンとの取引をスタートさせるのです。

その頃のレイは、レストランとデイリー・バーの経営者が集まるコンベンションや展示会にマルチミキサーを出展するために、国内を飛び回る毎日でした。
「毎回会場を去る前に、私は商品をすべて売り切った」
と豪語するレイですが、展示会の最終日は憂鬱だったとも回想しています。
「商品を梱包し、購入者へ発送しなければならなかったが、そういう仕事は不得意で、指にはトゲが刺さり、皮をすりむいて辟易させられた。マルチミキサーのサンプルケースは50ポンド（26キロ）ほどあり、時には『ポケットに入るようなサイズの商品を売ることができたら……』と考えることもあった」のだとか。
そんな苦しさにも負けず、レイは年間5000台の販売を何度もクリアし、1948年頃には8000台を、たった１人で売り上げました。レイは、売り上げ目標など持たずに、とにかく売りまくったのです。
「仕事に全力投球するのに、売り上げ目標といった動機は不要だ」

と言うのですから、獅子奮迅の働きぶりだったことは想像に難くありません。

そして、その言葉の行間からは、「仕事に真剣に取り組む人間には、ノルマなど意味がない」という無言のメッセージがにじみ出ていると同時に、ここにレイの商売人としての根性が垣間見えます。

売れるものを、最大限の努力で売る——それが商売なのだと。つまり、「売れるものを、上司が命じた数だけ売る」とか「自分で決めたほどほどの数で売る」ことは簡単です。しかし、それは勤め人の仕事であって、真の商売人がやる仕事ではないのです。

そして、レイがそこまで必死な気持ちで働いたのは、戦時中モーターの部品が手に入らず、いくら売りたくても売る商品がないという苦労を経験したからに違いないのです。

幸運な人が周りにいれば

恩恵が受けられる!!

ラッキーレディーの

ジューン・マルティーノ。

後に全米を代表する

女性エグゼクティブとの出会い

1948年、マルチミキサーのセールスに没頭するあまり、事務がおろそかになっていたレイは、会計士のアル・ドーティに説得されて経理ができる人間を雇う決心をします。

新聞に求人広告を出したところ、予想以上の応募がありました。何人もの女性を面接したすえに、レイの印象に残ったのはただ1人、みすぼらしい身なりをした聡明そうなジューン・マルティーノだけでした。

木枯らしの季節。色あせたコートに身を包み、数日間まともな食事をしていないのかと思うようなジューンと話を始めたレイは、数分後には彼女の採用を決めていました。

——内に秘められた愛情と誠実さ、あふれんばかりの才能を見過ごすことはできなかった——と、レイは回想します。

シカゴのドイツ系移民の家に生まれたジューンは、大戦の直前、ルイス・マルティーノと結婚。まもなく開戦すると、ルイスを必要とした彼の会社では、彼が徴兵されないように手を尽くしていました。ある日ジューンが夫の兵役免除に必要な書類を軍の人事部に持参すると、夫の代わりに愛国心が強い彼女が徴兵されてしまいます。

そして彼女は陸軍婦人部隊隊員として、ノースウエスタン大学電子工学科で三角法、微分積分法を学びます。高等数学の素養がなかった彼女でしたが、どんな難しい課題にもひるまず、わからないことがあれば図書館で大量の本を借りて独学する——そんな

意志の強さと前向きなハートを彼女は持っていました。

戦争が終わるまでに２人の子供を産んだジューンですが、彼女の父親とルイスの母親が時を同じくして重病にかかり、１万4000ドルもの借金を抱え込んでしまいます。そこで家賃も安く、自給自足生活が可能だと見込んで、一族は全員でウィスコンシン州の農場へ移住。ところが生活はうまく立ちゆきません。そのうえ夫のルイスは、生活を立て直すために仕事を探そうにも、農場の仕事に時間を取られて都会に行くことさえできませんでした。

そこでジューンが代わりにシカゴに職探しに来て、新聞の求人広告を頼りにレイの会社にやってきたのです。ジューンのプロ意識の強さを見抜いたレイは、帳簿付けの経験がないという彼女の経歴を問題にしませんでした。

「最初のうち給料は少ないが、やる気さえあれば明るい将来を保証しよう」と雇うことを決めました。

ジューンの不思議な能力にレイが気づいたのは、彼女が初出社した当日です。ジューンに銀行に振り込みに行くように頼んだとき、彼女の所持金はわずか20セント。帰りの電車賃ギリギリです。それなのに彼女は、通りの角で聴いた救世軍の演奏に引き込まれ、そのなけなしの20セントを心の声に従って社会鍋（街頭での募金活動）に投げ入れたのです。

「レイ・クロックさん、今日はなんて素晴らしい日でしょう！仕事を得ることもできたし、実は息子の誕生日なんです。プレゼントを買ってあげたかったけど無理な話でした」

そう話したジューンは、次に救世軍に寄付したことについて話し始めました。

「銀行から出たら、歩道にヒールを取られそうになって、下を見たら20ドル札が落ちていたんです。銀行に引き返して落とし主がいるか聞いたら、銀行の方がもらってもかまわないって……。こんな幸運なことって信じられます？」

幸運な人が周りにいれば、私も恩恵が受けられるかもしれない――そう考えたレイの勘は当たりました。20年後、彼女は全米を代表する女性エグゼクティブとなり、レイはその会社の経営者となっていたのですから。

部下が誠実に働きつつも
時に犯してしまうミスなら
許容できる。
しかし不正行為には
強い意志で
処置を取るべきだ

1950年代に入ると、マルチミキサーのビジネスにも翳《かげ》りが見え始めます。各地のドラッグストアから、ソーダファウンテン（店の飲食コーナー）が減り始めてきたことが原因です。

またしても「売る商品を持たないセールスマンほど無価値なものはない」状態に陥ってしまったレイは、15年前に出合ったマルチミキサーに匹敵するような、斬新な性能と魅惑的なスタイルを兼ね備えた商品を探し始めました。そして、ある社員の隣人が発明したという、折り畳み式のダイニングセットに目をつけたのです。

その商品は、使用しないときはテーブルと椅子がまるでアイロン台のように、折り畳んで壁に立てかけられるというもの。スペースの節約になり、小さなキッチンにはもってこいだとレイは考えました。「フォールド・ア・ヌック（畳んで隅にしまえる）」と名づけられたその商品のサンプルを、さっそくカリフォルニアのビバリーヒルズホテルへ発送。デベロッパーや建築業界大手の役員を招いて大掛かりなお披露目の席を設けたのです。とにかく、売れる新商品を提供するためには迅速に行動に移さなければなりませんでした。しかし、結果は惨憺たるもので、実にワンセットも注文が取れなかったのです。

しばらくすると、意外な事実が浮かび上がりました。この商品を紹介した社員が秘書と共謀して、レイとジューンに隠れて販売していたのです。

彼らの言い分は「フォールド・ア・ヌックを別の名前で販売すれば問題ない」でした。レイが下した決断は、「２人とも即刻クビ」。商品を紹介した社員はリリー・チューリップ時代からの部下。ゴルフ仲間であり、家を買うときはレイが頭金を貸すほどの仲であったにもかかわらず……。

後年、彼が倒産したと聞いたとき、レイは心を痛めました。しかし、マクドナルドに入れてくれという願いは決して聞き入れはしませんでした。

レイの思考は明確です。「部下が誠実に働いて、時に犯してしまうミスについては寛容に対処する。しかし、不正行為には強い意志を持って処置を取るべきだ」という線引きがあるのです。

レイがまだ若かった頃、ペーパーカップ会社の営業マンとして働いていたときの話です。レイの父親が経営するシカゴ・カブスの球場内の売店に、ビルという若者が勤めていました。ペーパーカップを扱う売店なので、ビルはレイの顧客の１人でもありました。レイはこの青年に好感を持つ一方で、礼儀知らずで最後まで信用できない奴だという印象を持っていました。ビルはやり手ではあったのですが、いつか取引で問題を起こすのではないかと、レイは危惧していたのです。

それは、ビルが何度となくピーナツの袋の上でサボって昼寝する姿を見ていたからです。そのたびにレイはやんわりと、「ピーナツは売るためのもので、寝るためのものではないよ」と注意したにもかかわらず、一向にやめる気配はありませんでした。

ただし、実際にはトラブルは起こらず、レイの心配は杞憂に終わりました。しかし、この些細なエピソードをレイが自伝に書き残したのには、意味があるのです。ビルのような人間を見たとき、他人はどう思うかを読者に知らせたかったからです。

誠実さを欠く人は、管理者や取引先にとって「トラブル予備軍」にほかなりません。だからこそレイは〝部下が誠実に働いて犯す失敗〟を、ミスの許容の条件にしているのです。

ところが不正は言語道断。これは当然です。同時に不誠実は黄信号でもあるのです。このような揺るぎない人物判定基準を持っていたからこそ、レイは世界一のチェーンの経営者として成功を収めることができたのです。

第3章

契約とビジネスモデル

チャレンジしない限り、
決して成功はしない。
だから、私がやりましょう!!

宝くじは買わない限り、絶対に当たりません。ビジネスチャンスも同じ。チャレンジしない限り、決して成功はしないのです。レイ自身もこう言っています。
「私が巨万の富を得たのも、〝チャンスを逃すな！〟を信条にして生きてきた結果だ」と。

52歳のレイはビジネスに身体を酷使し、糖尿病と関節炎を患い、胆嚢のすべてと甲状腺の大半を失っていました。それでも、「自分は未熟で、まだ成長の途中だ」と本気で信じていたのです。
そんなレイのもとに複数の顧客から、不思議な注文が集まってきました。
「カリフォルニアのサンバーナーディノのマクドナルド兄弟が使っているのと同じマルチミキサーを売ってくれ」
客たちは申し合わせたように同じ言葉を口にします。
「マクドナルド兄弟とはいったい何者なのだろう？　なぜ異口同音に彼らが使っているマルチミキサーを指定してくるのだろう？」とレイは大いに好奇心をそそられました。
調べてみると、驚くべきことにマクドナルド兄弟の店にはマルチミキサーが８台あり、しかも１台につき１日150ドルの売り上げがあるというのです。レイは５軸のマルチミキサーが８台全部フル稼働して、一度に40個のシェイクができあがる様子を頭に思い描きました。しかもサンバーナーディノは砂漠の中のひからびた町だというのです。どうしても現実だとは思えなかったレイは一路、ロサンゼルスに飛びました。

その店は、何の変哲もない郊外のドライブイン。開店前に駐車場から〝偵察〟していると、ノリの効いたシャツとズボンに紙製の帽子をかぶった店員たちが、ポテトや肉、そしてパンを次々と台車に載せ、店内に運び込んでいきます。まるでアリの行進のような風景だったというのが、レイの感想。やがてクルマが次々と現れ、駐車場が埋まっていき、客が列をなしていきます。

「何でこんなに人気なのかね？」

列の最後尾に並んだレイが、前に並んでいる男に声をかけると、

「15セントにしては最高のハンバーガーが食えるのさ。待たされてイライラすることもないし、チップをねだるウエートレスもいない」

という答えが返ってきました。

お客が引けるのを待ち、マックとディック、2人のマクドナルド兄弟に自己紹介すると、彼らはレイを〝ミスター・マルチミキサー〟と呼んで歓待してくれました。そしてレイは、彼らの事業について詳しく聞くために、ディナーに誘ったのです。

食事をしながら聞いた彼らのビジネスモデルは、非常にシンプルでしかも効率的なものでした。

ハンバーガーのメニューはたった２種類で、ハンバーガーとチーズバーガーだけ。ハンバーガーの肉はフライドポテト同様10分の１ポンドで、価格もともに15セント。チーズバーガーは４セント

増し。ソフトドリンクは10セントで、16オンスのミルクシェイクは20セント、コーヒーは１杯5セント、これがメニューのすべてです。そしてディナーの後、２人はレイを連れてマクドナルドの新店舗を設計した者のところに行き、ドライブインスタイルの新店舗の設計図まで見せてくれました。バックヤードの洗い場や物置き場が客の視界に入らないように設計されたその新店舗は、その日に訪れた店の欠点を改良した素晴らしいものだったのです。

感銘を受けたレイはひとりモーテルに戻って今日１日のことを思い返していると、突然一つのアイデアが閃きました。

「マクドナルドの店舗を、全米の主要道路に展開させたらどうだろう」と。

全米の主要道路に建つマクドナルドの各店舗で、レイが売り込んだマルチミキサー８台がブンブンと音を立てて休みなく働き、お金をどんどん生み出していく光景が目に浮かんできました。レイは、マルチミキサーを大量に売りさばく、大きなビジネスチャンスが目の前に横たわっていることに気づいたのです。

翌日の午後、レイは自信満々のプランを胸に、マクドナルド兄弟を訪ねました。

「私はいままでマルチミキサーを扱う、数多くのレストランやドライブインスタイルの飲食店を見てきましたが、ここほど将来性のある店はありません。どうでしょう？　私と組んでチェーン展開してみませんか。我々にとって、これは金鉱を掘るのと同じことですよ。

すべての店に、私のマルチミキサーを置いてもらいたいんです。どう思います？」

ところが、彼らからは予想外の答えが返ってきました。

「あそこに、大きな白い家を持っているんだ。広いフロントポーチ付きのね。すごく気に入っている。２人でポーチに腰掛けて、夕日を眺めたり、この店を見たりしながら、幸せを実感しているんだよ。これ以上、何を望むというのかね？　私たちはいま、十分に満足しているし、これ以上、何も欲しくはないのさ」と、兄のマックは店の向こう側に見える丘を指さしながら、申し訳なさそうな笑顔を浮かべました。

意外な返答に面食らいながらも、レイは説得を続けました。人を雇えば、働かずに収入が入ってくると訴えたのです。

しかし、今度は弟のディックが反対しました。

「それでは、多くの問題を背負い込むことになる。誰が我々のためにそんな仕事を引き受けてくれる？」

突如、レイの胸に強い思いが込み上げてきました。そしてぐっと身を乗り出して言ったのです。

「では、私がやりましょう!!」と。

どんなチャンスも、自分の手でつかまなければ、結果はその人の手元には転がり込みません。52歳のレイはまさにこのとき、生涯最大のビッグチャンスに自らの指をかけたのです。

ニュートンの頭の上に、

ジャガイモが

落ちてきた！

ここでマクドナルド兄弟がいかにして、ハンバーガー店のビジネスモデルをつくるに至ったかを簡単に説明しておきましょう。

1927年、兄のマックがハリウッドの映画スタジオの道具係に職を得ると、弟のディックも翌年やってきて一緒に働き始めました。32年に独立すると、経営不振の映画館を買い取りましたが、これが大失敗。１日１食食べられるかどうかの赤貧生活を余儀なくされます。それも近所のホットドッグ屋でホットドッグを一つということもあったそうです。このホットドッグスタンドのオーナーの仕事ぶりを観察したことが、レストランを持つ契機になったと、ディックは後にレイに語ったのですから、運命というのはわかりません。

30年代の初め頃から、南カリフォルニアの外食産業はめざましく成長していきました。大恐慌の影響で派手な消費生活は消える半面、ドライブイン形式のカジュアルなレストランが市内の駐車場から、郊外のハイウェイ沿いまで拡大していったのです。どの店も、メニューはビーフ、チキン、ポークのバーベキューと大差ありませんでした。経営者たちは、少しでも自分の店を目立たそうと躍起になっていたのです。女性スタッフに派手な衣装を着せる店、中にはローラースケートを履かせて駐車場に立たせて差異化を図る店などもありました。

そのような時流の中、マクドナルド兄弟は37年にサンタアニタ（カリフォルニア州）のレース場の近くに小さなドライブインを建てました。飲食業は素人だった２人はバーベキューシェフを雇って調理を猛勉強します。そして２年後には、バンク・オブ・アメリカから5000ドルの融資を受け、鉄道の駅があるサンバーナーディノ周辺で、さらに大きなドライブインを経営し始めました。

しかし第二次世界大戦後、兄弟はこの商売が頭打ちになると予感し始めました。というのも、駐車場は常に満杯でも、客席に限りがあり、いくら盛況でも売り上げに限度があることに気づいたからです。

そこで２人は大胆な決断をします。1948年、若者を中心に人気があった店を閉め、テイクアウト中心という新しい経営方式で再チャレンジしたのです。

サービスとメニューを最小限に抑えたこの形式のファストフード店は、後に全米各地で次々にオープンするファストフード店のモデルとなりました。

ハンバーガー、フライドポテト、飲み物と簡素化されたメニューは、作業プロセスをシンプルにできるうえに、細かい品質管理も可能にしたのです。

そしてレイは1954年、この店を目の当たりにして、「私がやりましょう！」と衝動的に口走ったわけです。後年レイは、そのときの印象をこんな言葉で表現しました。

「ニュートンの頭の上に、ジャガイモが落ちてきたかのような衝撃だった」と。

なぜ、
マクドナルド兄弟のやり方を
そっくりそのまま真似て、
自分で店を開かなかったのか？
ただし、
マクドナルドという名前には
当たるという直感があった！

「なぜ、マクドナルド兄弟のやり方をそっくりそのまま真似て、自分で店を開かなかったのか？」とレイはよく聞かれたそうです。

マクドナルド兄弟はレイに、経営からフライドポテトの揚げ方まで惜しげもなく明かしてくれました。真似をしようと思えば簡単。しかしレイは、彼らとフランチャイズ権の契約を結ぶまで、そんなことは考えもしなかったのです。

その理由の一つは、レイがこのハンバーガービジネスを、〝セールスマンの視点〟でしかとらえていなかった点です。その当時レイは、ハンバーガーを売るよりも、多くのハンバーガー店ができることによって、自分の扱っている商品であるマルチミキサーが売れるところに将来性を感じていたからです。

マクドナルドのハンバーガー店をコピーする難しさも、レイは感じていました。マクドナルド兄弟はアルミ製の鉄板をはじめ、独特の調理器具を特注し、あらゆる機械を計算され尽くした配置と方法で活用していました。そんな複雑な調理法を真似するより、フランチャイズ権を得るほうが簡単そうに思えたのでしょう。

また、レイは『マクドナルド』という言葉の響きには惚れ込んでいたようです。

「マクドナルドという名前は当たるという直感があった。名前はさすがに真似することはできない」とレイ自身が語っています。

しかし、それらの理由よりはるかに大きい要因を、レイは次のように告白します。

「私がまだ正直者で、世間知らずだったからなのだろう。彼らからアイデアだけを盗んで、それに値する代価を支払わないという考えなどおよそ思い浮かばなかったからだ」と。

商売人として、フェアを重んじるレイにしては、珍しい発言です。それというのも、マクドナルド兄弟との契約は、後々レイの頭痛の種となったからなのです。

サンバーナーディノの店のほかにアリゾナ州の２店を含む10店舗にすでにフランチャイズ権を与えていたのは些細な問題でした。全米展開するにあたって、店舗を建築士の設計どおりに統一するという条件も、マクドナルドという名称も、看板やメニューを統一するという条件も、レイは喜んで呑みました。これらはみな、些細なことに思えたからです。

フランチャイズ店からの売り上げのうち、1.9％がレイの取り分。レイは最初、２％を主張しましたが、兄弟側は「それは駄目だ。２％も搾取されると知ったら店主たちは猛反対する。ところが1.9％にすると、そうでもないものだ」と反対しました。レイは譲歩します。そしてレイの取り分から0.5％を兄弟に納めることに決めました。兄弟側に正当な権利があると考え、レイも納得したうえでの取り決めです。

しかし交わした契約書の条項の一つを見逃していたことが、後にどんな混乱を招くかには思い至りませんでした。それは、いかなる小さな変更にも兄弟のサインが必要で、それが書留でレイの元に送り届けられて初めて変更が認められるというもの。建築士が描いた設計図は郊外店向けだったので、店舗に地下室一つつくるのにも兄弟の決裁が必要となったのです。

ところがマクドナルド兄弟に相談すると、「契約のことはかまわないので、地下室をつくってくれ」と答えるのです。これでは仕事がはかどらないと考えたレイは、兄弟側に契約の変更を持ちかけるのですが、彼らは一筋縄ではいきません。こちらの言い分は認めるものの、なぜか相手はそれを明文化することを拒むのです。まるでレイの失敗を望んでいるような態度が理解できませんでした。レイの弁護士は「裁判になったら勝ち目はない。兄弟がその気になれば、簡単にあなたから権利を奪えますよ」と言い残し、辞めていきました。

しかしレイは、「やれるものなら、やってみろ！」と、突き進む決心をしたのです。

レイ、君は
ハンバーガービジネスを
やってるんじゃない。
これは、
フライドポテトビジネスなんだ

広大なアメリカ大陸でチェーン展開するということは、我々日本人が想像する以上に大変なことです。カリフォルニア生まれのマクドナルドを中西部のシカゴにあるデスプレーンズで開店したときに、最初の試練が訪れました。マクドナルド兄弟に教えられた手順どおりにポテトを揚げても、カリフォルニアで味わうフライドポテトとは似ても似つかないものしかできなかったのです。

原因を調査しようとポテト＆オニオン協会に問い合わせても、なかなか原因がわかりません。ところがある日、協会の研究者の前で、買い付けたポテトの保存方法を説明していると、「それだ！」と研究員が突然、叫んだのです。レイはポテトを、大きな木箱に入れて日陰に保存していました。ジャガイモは掘られたときは水分が多いのですが、乾燥することによって糖分がでんぷんに変わり、味が良くなるのです。

マクドナルド兄弟は、そんな知識も知らずに蓋のない容器にジャガイモを放り込んでいました。ところが怪我の功名で、カリフォルニアという土地の砂漠独特の乾燥した空気のおかげでジャガイモは自然乾燥し、結果的においしいポテトに仕上がっていたのです。ところが中西部のシカゴではそのようにはいきませんでした。

原因がわかったレイは、すぐに巨大な扇風機を地下の貯蔵庫に設置し、最新のジャガイモの箱は一番奥、古いものは手前に置くようにしたのです。すると、カリフォルニアのマクドナルド兄弟のフライドポテトと同じくらい素晴らしいものに仕上がりました。

ポテトの貯蔵庫を見たシカゴ１号店の店長、エド・マクラキーは「世界で一番甘やかされているポテトですね！」と感動しました。しかし、本当に感動すべきは、気候の違いについて何の言い訳もせずに、味について妥協しなかったレイの態度です。

さらにレイは、ポテト＆オニオン協会のアドバイスを受け、ポテトを３分揚げてから一度冷まし、改めて１分揚げるようにしたところ、ポテトは輝く黄金色に変わり、マクドナルド兄弟の店をも凌駕するくらいのおいしさになったのです。

そんなポテトを味わったサプライヤーの１人があるとき、レイに「君はハンバーガービジネスをやってるんじゃない。君のは、フライドポテトビジネスだ。何が秘訣かは知らないが、君のところのポテトは、このあたりじゃ最高だよ。それを求めて客はやってくるのさ」と言ったのです。

レイは「そのとおりだ。だが、誰にも言うなよ！」と答えたのです。魅力的なサイドメニューがリピーターを呼ぶことを知っているからこその言葉でしょう。

マクドナルド事業を
立ち上げるべく、
良いスーツを着て
トイレの掃除までした！
それはすさまじい働き方だった

レイによるマクドナルドの第１号店は、シカゴのデスプレーンズという、立地と人通りに恵まれているとはいえない場所に開店しました。それでも１個15セントのハンバーガーは順調に売り上げを伸ばし、やがて次のフランチャイズ店の準備に取りかかるお金ができてきました。

ところが、またしてもマクドナルド兄弟が原因で事業の中断を余儀なくされます。

マクドナルド兄弟がレイ以外とフランチャイズ契約を結んでいる店舗は、カリフォルニアとアリゾナに10店あることは合意済みです。

しかし兄弟は１号店のあるイリノイ州クック郡で、5000ドルという金額でフリラック・アイスクリーム社にフランチャイズ権を売っていたのでした。買い戻しには２万5000ドルが必要です。すでに借金まみれだったレイに、そのような大金など用意できるはずはありませんでした。

フリラック社は正当な手続きで契約を結んだので、レイは責めるつもりはありませんでした。しかしマクドナルド兄弟に対しては怒りを隠せませんでした。故意にしろそうでないにしろ、レイが愚弄されたことには変わりないからです。

こうなると頼みの綱はマクドナルドと並行して展開していたマ

ルチミキサーのビジネスです。「マルチミキサーからの収入で、何とか社員に給料を支払い、やりくりをしながら、マクドナルド事業を立ち上げるべく奴隷のように働いた」と、レイはその当時のすさまじい働きぶりをこのように形容します。

レイは清掃員と同じ時間にデスプレーンズ店に顔を出し、良いスーツを着ていることも気にせずトイレの掃除をしました。そして材料の発注や下準備をこなしたうえで、10時に出勤してくる店長のエド・マクラキーのために気づいたことをメモに残し、7時57分発の列車に飛び乗って、プリンスキャッスルにあるマルチミキサーのオフィスに９時までにはたどり着くという毎日を送ったのです。

マルチミキサーの仕事が終わるや否や、またマクドナルドの仕事に取りかかるのですが、このとき遠くに〝M〟のマークの看板が見えてくると、喜びを禁じ得ないのが常だったと、レイは回想します。しかし、時にはその看板に失望を覚えることもあったとか。店長のエドが看板のネオンのスイッチを入れ忘れていることが度々あったからです。

そんなとき、レイはカンカンになってエドを叱りつけました。駐車場にゴミが散乱しているのを目にしたときも同様です。
「ある人にとっては取るに足りないようなことの一つ一つが、私には重大なミスに思えた」と、レイは振り返ります。

店長のエドは、時間がなくて手が回らなかったと弁明しますが、一つ一つの細かい作業が大事だというレイの考えに、彼は本心から理解を示しました。

それは後にエドが自分の店を持ち、運営するときに、レイの教えを忠実に実践したことからも明らかです。

私は、契約には

常に誠実な気持ちで臨んだ。

たとえ相手が私を

だまそうとしている

ときでさえ……

レイは最初のフランチャイズ３店を、フレスノ、ロサンゼルス、レセダと、すべてカリフォルニアに開きました。カリフォルニア州では、サンバーナーディノにあるマクドナルド兄弟の店の盛況を知る人ばかりなので、各店舗の大家との交渉をスムーズに行うことができたからです。しかし、カリフォルニア以外の州では苦戦しました。

レイの胸に深く印象に残るのは、中西部の１号店、イリノイ州ウォークガン店のオープン時のことです。土地のオーナーだけでなく、フランチャイズオーナーでさえ１個15セントのハンバーガービジネスには懐疑的で、その売り上げでは地代さえ払えないのではないかと思っていたようです。

消極的なオーナーの態度に不安を感じたレイは、開店準備を手伝う本社側のオペレーターに発注作業も手伝うように指示をします。するとすぐにオーナーから怒りの電話がかかってきました。
「私を破産させる気か！　１カ月で、こんなに大量の肉やパンをさばけるわけがないだろう！」

ところが、1956年５月24日のオープン初日から店は大盛況で肉が足りなくなり、オペレーターはほかの店へ週末用の肉をもらいに行くほどだったのです。

フランチャイズオーナーは大満足で前言を撤回しましたが、地主のほうはレイにまんまとだまされたと考えました。土地のオーナーと交わした契約には20年間、契約を変更できないという条項が盛り込まれていたからです。マクドナルドの大成功を目の当たりにして、「こうなると知っていたら、あのような契約に同意せず、もっと大儲けできたのに……」と悔しがったのです。

しかし実はレイ自身にも、その店がそこまでの大成功を収めるとは予想外だったのです。そして、地主から誤解を受けることも予想外だったのでしょう。だからこそ、このエピソードを紹介した後に、次のような言葉を残しています。

「私は、契約には常に誠実な気持ちで臨んだ。たとえ相手が私をだまそうとしているときでさえ。だからこそ、脇目もふらず、片時も休まずにこの道を走り続けてこなければならなかった。世間知らずなところもあったかもしれない。私はその人の口から発せられる言葉をそのままに信じる人間だ。契約書を書かず、握手だけで商談を終わらせたこともあった。財産は何度も底を突きかけ、ひねくれた考えにとりつかれかけたこともあった。けれども、私には生まれ持っての明るさがあり、いつまでも皮肉屋でいることはできなかった」と。

かつてマルチミキサーがらみの仕事で上司に不利な契約を負わされたときも、レイは苦しみながらも契約を全うしたのです。

ビジネスマンであるからには一度交わした契約に対しては、誠実であるべきだ、というレイの経営哲学がこの言葉から読み取れます。

仕事仲間を
パートナーのように扱う一方で、
彼らに商品を売りつけて、
そこで利益を追求するのは
ビジネスに反する行為だ

マクドナルド兄弟の店をフランチャイズ展開していくうえで、レイが最初に決めたことは、レイ自身が仕入れに関しては一切口を挟まず、フランチャイズのパートナーに任せるということでした。

レイ側が材料のサプライヤー（供給者）になってしまうと、まず自分たちの利益が心配になっていき、パートナーの利益が二の次になってしまうからです。最悪の場合、自分の収益を上げるために、商品の質を落とすことさえ考えかねないケースが出るためです。これでは、フランチャイズも損害を被るうえに、チェーン全体の発展もありません。店舗を成功させるためにレイ側は力いっぱい、手を貸す。そして、店舗が収益を上げれば、レイ側の収益も上がるというシステムこそ最良の選択だと、レイは考えました。

後発のフランチャイズの中にはサプライヤーを兼ねたシステムをつくり上げたケースもありますが、いずれも失敗しています。マクドナルドのシステムは、フランチャイズオーナーが最低価格で材料を仕入れることを可能にしたのです。その方式が、みなさんがご存じのように、マクドナルドが世界規模の成功を収める礎になったのです。

マクドナルドの店内には

公衆電話や

ジュークボックスなど、

いかなる自動販売機も

置かない。

それはなぜか？

マクドナルドの店内には、公衆電話やジュークボックスなど、いかなる自動販売機も置かない――というルールを敷いたのもレイ・クロックでした。

ほとんどのオーナーたちは、副収益を禁じるこのルールに不満を感じていましたし、実際、反対の声も多かったようです。しかし、レイはこのルールについては決して譲りませんでした。

マクドナルドを明るい家族団らんのイメージの店に育てたいと思ったレイにとって、これらの副収入源は排除すべきものだったのです。

一番の理由は、お金にならない客を店に入れることになる点。これが注文もせずに店内に留まられても文句を言えない状況を生み、ひいては不良たちのたまり場になりかねないからです。

もうひとつの理由は、当時のアメリカでは自動販売機には犯罪組織がからんでいるケースが多く、無用のトラブルを避けるという目的があったからです。

半世紀以上たった現在でも、マクドナルドの家族的で明るいイメージは変わりありません。創業当時のレイが思い描いたマクドナルドの姿がいかに強固であったかの証明でしょう。

第4章

フランチャイズビジネス

どの店に行っても
同じサービスが受けられる。
――そんな、
〝マクドナルドのシステム自体〟
に対するリピーターを
つくりたかった

1955年の５月、レイはハリー・ソナボーンというリンカーン大統領に似た風貌の39歳の男と面会しました。マルチミキサーの取引先の副社長であったハリーとは電話で話をした程度の間柄で、そのときが初対面でした。その彼が会社を辞し、持ち株をすべて売ったいま、レイの下で働きたいと言ってきたのです。

「デスプレーンズでのマクドナルドの評判を耳にしたので、自分の目で確かめようと店に行ってみたんです。通りの反対側から眺め、これは成功間違いないと確信しました。レイ・クロックさん、私をマクドナルドの一員に加えてくれませんか？」というハリーの言葉にレイは、「お会いできて光栄だが、いまはとても人を雇う余裕などないんだ」と答えました。

ところがハリーは、「その考えを必ず変えてみせますよ」と言い残し、数日後のアポイントを求めました。

その頃レイは文字通りの自転車操業。誰かの手を借りたいのは山々でしたが、ジューンと自分の給料を出したらほとんどお金が残らないという状況だったのです。フリラック社からフランチャイズ権を買い戻す２万5000ドルも重くのしかかっていました。

新規店舗の開店準備に時間がかかればかかるほど負担が大きくなることをデスプレーンズ店で学んでいました。レイ側はフランチャイズ契約締結時に認可料として950ドル受け取っていましたが、開業にもたつくと売り上げの1.9％を受け取る前にこの資金を使い果たしてしまうので、レイは短期間でやるべきことを片付けなければなりません。

人を雇うべきなのは明白でしたが、そのお金がないので、どうすることもできなかったのです。

この問題は数日後、再びハリーと会ったときに解決しました。ハリーが「1週間に100ドルあれば生活できる」と言ってきたからです。

ハリーに何を任せればいいかは決まっていました。彼に財務を任せ、ジューンは事務全般、レイは店舗管理という青写真は、ハリーとの最初の面会のときに、レイの胸にすでにできあがっていたのです。短期間でフランチャイズビジネスを成功させるためには、まずフランチャイズ店から売り上げを集め、キャッシュの流れをつくらなくてはなりません。

その当時ライバルはいませんでしたが、レイたちが成功すれば早晩、他社が参入してくることは容易に予想されました。だからこそ少しでもアドバンテージを取っておくために、事業のスピードを速めることが肝要だとレイは考えていたのです。

レイはマクドナルドを名前以上の存在にしたいと考えていました。マクドナルドを、安定した品質と運営が標準化されたレストランシステムの代名詞としたかったのです。特定の店舗やフランチャイズオーナーのクオリティによって顧客が増えるのではなく、どの店に行っても同じサービスが受けられるというように、マクドナルドのシステム自体に対するリピーターをつくることこそ、先行する他社や後発のライバルに打ち勝つ最善策だと知っていたからです。

現代でこそ、フランチャイズに均質なサービスが求められるのは当然ですが、1950年代には、まだそういう考え方は一般的ではありませんでした。しかし、こうした商売人としてのレイの先進的アイデアは、ハリーとの出会いによって急速に具現化されていくのです。

人に仕事を任せたのなら、
最後まで口出しはしないのが
私の信条だ

マクドナルドが進むべき具体的な道は「店舗を自分たちの手でつくる」ことでした。店舗開発を自ら行うことにより、自分で土地を選ぶことができます。店舗を戦略的に点在させることができるということは、全米規模での市場調査もできるようになるということでもあるのです。

このアイデアはエキサイティングでしたが、現実に店をつくることは気が遠くなるような作業でした。レイはマクドナルドの展望を語るときには常々、〝成功のカギは品質と統一性だ〟と語っていましたが、具体的な解決策はレイの頭には浮かんできませんでした。

レイのコンセプトを具現化したのはハリー・ソナボーンです。彼はフランチャイズ・リアリティ・コーポレーションを資本金1000ドルで立ち上げ、その金を元手に17億ドルの土地に転換投資しました。

ハリーの戦略はとてもシンプルです。まず土地の所有者との賃貸契約を劣後ローン（一般的な借金より、支払いを遅らせてもよい債権のこと）で結ぶ。そしてその抵当権を元に金融公庫や銀行へ行き、建物のローンを組む。この結果、資産価値は建物、土地の順番になる……。

果たしてそんな不利な契約をする地主がいるか？　レイは不安に思いましたが、口には出さずにハリーを見守りました。「人に仕事を任せたのなら、最後まで口出しはしない」がレイの信条だったからです。

ハリーは独学で不動産賃貸契約について猛勉強していました。ワシントンから不動産専門の名コンサルタントを、1日300ドルでシカゴに呼び寄せて雇ってもいました。ジューンは、このことをレイが知ったら激怒して2人を道路に放り出すかも知れないと思っていましたが、レイは違いました。ハリーはやるべき仕事をやっている。金を生み出すためには初めに投資は必要だと思っていたからです。

ハリーの、一見無謀にも見える不動産戦略は正解でした。第一に1950年代後半になるとフランチャイズの成長は頭打ちになり、その後20年にわたって商業用スペースを巡って競争は激化する一方だったからです。また、ハリーもレイも優秀なセールスマンだったので、あまり価値のない土地から少しでも利益を得られるようにするために、土地所有者を説得する役目はうってつけであり、それが苦にならなかったようです。

こうしてマクドナルドに本格的に収入が入るようになると、ハリーはフランチャイジーたちから、月々の売り上げに加えて建物に対する抵当権返済と諸経費をオーナーに課すルールを定めます。その月の収益または売り上げの、いずれか金額の多いほうがレイたちの会社の収入となり、この方式により月々の収益を確保できるようになったのです。

あるときハリーは、「銀行ローンは順調に返済していると思う。だが、これから飛躍的に成長するためには、何としても資金力のある後ろ楯が必要だ」と提案します。その意見にレイが同意するや否や、ハリーはいくつかの生命保険会社に掛け合います。最初はシカゴにあるオール・アメリカン・ライフ・インシュランス・カンパニーと契約を結び、モーゲージローン（不動産の抵当権を担保にした貸し付け）を受けることになりました。その後、シカゴのセントラル・スタンダード・ライフとも同様の取引を行ったのです。レイはやっと大きな光が見えてきたことを実感します。

そして苦労をともにした２人に、マクドナルドが国内屈指の大企業になったとき、恩恵を受けられるようにと株を譲渡しました。ジューンに10％、ハリーに20％。これによって後に彼らは莫大な富を得ました。しかし当時は、シカゴ鉄道の電車賃のほうがよっぽどありがたかっただろうと、レイは茶目っ気たっぷりに振り返ります。

大切なのは

クオリティ、

サービス、

清潔度、

バリュー

資金面の問題がハリーの手腕によって解決していくと同時に、今度は人手の問題が持ち上がります。各フランチャイジーと交わした契約条項に、マクドナルドから認定を受けた訓練されたクルーが店の開店を手伝うと書かれていたのですが、発展途上のマクドナルドの既存店から熟練者のアシスタントを呼び寄せるにも限度があったからです。やむなくアシスタントがつけられない場合は100ドルの値引きをして対応しましたが、レイはこのことを大きな問題としてとらえていました。

値引きをすることより、アシスタントを派遣できないことによってサービスや商品の品質が標準化されないことを恐れたのです。

レイの考えの第一義は、「クルーは全員、同じ教育を受ける必要がある」でした。フランチャイズというのは、様々な前歴を持つ人たちが集まります。飲食業界出身者ならまだしも、軍隊や〝その道のプロ〟などもマクドナルドのドアを叩くのです。仕事に求められる精度、サービス精神、衛生観念……、仕事が違えば、求められる水準は変わります。

全米どこのマクドナルドに入ったとしても、お客様が同質の満足感を得られる――そんな、マクドナルドというシステム全体としてのサービスこそがフランチャイズ成功のカギだと考えたレイは、QSC＆Vというキーワードを掲げます。

「我々がQSC＆Vという言葉を繰り返すたびにレンガを積み上げ

ていたら、おそらく大西洋を横断する橋ができていただろう」とレイは語っています。

QSC＆Vとはクオリティ、サービス、クリーンリネス（清潔度）、バリューのこと。それくらい徹底して、フランチャイズのオーナーからマネジャー、そしてクルーまでに意識づけたかったのがこの４つのキーワードでした。

アシスタント問題が解消した後、商品の品質を保つために作業を標準化し、従業員全員が同じ教育を受けるようなシステムをつくり上げたにもかかわらず、「QSC＆V」はなおざりになりがちでした。教育期間中だけでなく、事あるごとにこの４つを唱え続けて初めて、飲食ビジネスの素人にクオリティ、サービス、清潔度、バリューの大切さが理解されるのです。

この4つは、すべての商売に共通する基本。そしてその基本を伝えるためには、「常に言い続けるしか方法はない」とレイは考えていたのです。

あなたの仕事、人生に生かしたいQSC&V

Quality《クオリティ》

どこで食べても同じ味のマクドナルド。そのための品質管理をレイ・クロックは徹底させました。常に一定のクオリティを求められるのは商品だけではありません。商売人たるもの、常に変わらぬ態度で人と接し、変わらぬ仕事の精度を保ちたいものです。

Service《サービス》

お客様に、居心地のいい空間を提供することは、リピーターを増やす最低条件。常にお客様が快適さを感じるように心がけることから商売は始まるのです。

Cleanliness《清潔度》

食品を扱うからには清潔さは絶対条件です。厨房の設計からマニュアルとすみずみまでレイ・クロックは清潔さを追求しました。清潔さこそ信用を生むのですから、他業種においても清潔さは求められます。お金に対して、付き合いに対して清潔な人こそ信頼されるからです。

&

Value《バリュー》

QSCが実現したとき、大きなV（価値）が生まれます。「お客様は、お金を払った分の価値を受け取るべきだ」と考えていたレイ・クロック。お客様はバリューとひきかえに満足を得る――これが商売の基本だと、レイは知っていたのです。

愚直なほどに簡潔に

Keep it stupid

マクドナルドのモットー「愚直なほどに簡潔に（Keep it stupid）」は、レイがハンバーガービジネスを始めるはるか前、ピアニストを務めていたナイトクラブの経営方針がヒントになっています。

そこでは料金体系が簡潔で、ドリンクがどれも１杯１ドル。シャンパンもブランデーもバーボンもすべてのお酒が均一価格でした。しかも食べ物はメーン州名物のロブスター、それにステーキとローストダックの３種類のみ。メニューの必要すらなかったそうです。

実はこの話、禁酒法時代のこと。後年、レイがカリフォルニアで大繁盛していたマクドナルド兄弟のハンバーガーショップがシンプルかつ合理的な製造システムと販売形式であったことに感心し、「これはいける！」と思ったのも、実地での経験の積み重ねがあったからこそではないでしょうか。どんな経験も、ビジネスの肥やしにしてしまうレイ・クロックらしい逸話です。

ちなみに当時のマクドナルドのメニューはハンバーガーとチーズバーガーの２種類にフレンチフライ、シェイク、そしてお客様からのチップなしの明朗会計でした。この簡潔なシステムで人気を得ていました。

洞察力のある判断は、
下す本人以外には
独断的に映る

財務を担当しているハリー・ソナボーンとレイとは、お互いの考え方の違いで衝突することが往々にしてあったそうです。ハリーとレイは等しく資本主義を支持し、マクドナルドの未来にも大きな希望を持っていましたが、ビジネスへのアプローチの仕方がまったく異なっていたので、日々の小さな衝突は避けられなかったのです。

学究肌のハリーは、経営学と経済学に基づいて状況を分析するというやり方。一方レイは、セールスマンとして生き抜いてきた実践的勘と、主観的人物評価を頼りに突き進んでいくというスタイル。そのため、場合によっては独断的だと非難されるケースが多々あったのです。

レイの直感的なアプローチは、人事の面でも遺憾なく発揮されました。レイが重要なポストに選んだ人間たちが、後にマクドナルドの隆盛に大きく貢献したため、何を基準に経営陣を選んでいるかをよく尋ねられたそうです。

選択基準を言葉で説明するのは、実は非常に難しいので、口で言えば経済学の教科書的なつまらない答えになってしまう。実のところ教科書やルールで明確に定められたものではなく、状況に応じて直感的になされたものなのだ――これがレイの本当の回答です。定石やセオリーに縛られず、様々な体験から磨かれた勘を重視したのがレイの人物登用術でした。

その勘に対してレイは、「時にははずれることもあるが、たいていの場合は当たった」というくらい自信を持っていたのです。

西海岸地区の幹部役員と連れだって店舗視察に赴いたときのことです。レイはある店長に悪印象を感じました。店から出た後、同行の幹部役員に「あの店長はクビにしたほうがよい」と告げると、役員は「レイ、待ってくれ。彼はまだ若いし素直ないい奴だ。今回だけは大目に見てやってくれないか」と答えます。しかし、その青年に可能性を感じられなかったレイは、つい車中で「いいからあいつをクビにしろ！」と声を上げてしまいました。幹部役員が「では６カ月待ってくれ。様子を見てほしいんだ」と言うので、レイは折れました。

しかし、その後数年、彼は何度も解雇の危機に直面し、そのたびに店舗を異動して新しい上司の下につきます。礼儀正しい青年だったので、新しい上司たちは、なんとか彼を改善しようとしましたが、ついには解雇されました。最後の上司は青年についてこう評価します。「あいつには見込みがない」と。

この一件でレイが気づいたのは「洞察力のある判断は、下す本人以外には独断的に映る」ということです。ハリー・ソナボーンの場合は、レイと幹部役員との間に起こった気まずさとは無縁でした。ハリーはレイのように勘だよりではありませんでしたし、もともと社員に対しての関心が希薄だったからです。

しかし、それでは社員に熱気を注入し、やる気を高めることはできないとレイは考え、人の目に独断的に映ろうとも、自分のスタイルは曲げなかったのです。

ハリーとレイ。それぞれに違った個性があるからこそ、会社は強くなるということもレイは重々承知していたからです。

1956年、レイの独特の洞察力によって「将来、マクドナルドの経営者になる」と予想された、23歳の青年、フレッド・ターナーも、マクドナルドを強くした〝個性〟のひとりでした。フレッドの強みは物流。地元業者とともに成長するマクドナルドのビジネスモデルを具現化したのは、後にマクドナルドの最高経営者となるフレッド・ターナーの手腕だったのです。

ほんの数秒の作業が、

積もり積もって

かなりの時間の

ムダになっていた！

後にマクドナルドの最高経営者となるフレッド・ターナーはもともと、新聞に出したフランチャイズ募集の広告に応募し、会社を訪ねてきた青年です。

1956年の２月のことでした。友人とお互いの妻を加えた４人で会社を経営していたフレッドはマクドナルドのフランチャイズ権を買い、店舗を経営しようと考えたのです。そこでレイはフレッドに、仕事のコツを覚えるためにデスプレーンズの店で働いてみたらどうかと、彼に勧めました。

フレッドの働きぶりは見事なものでした。精力的に働くのはもちろんのこと、何から取りかかり、何を重視すべきかを生まれつき身につけているかのようだったからです。

働き出すとすぐに、店長のエド・マクラキーからの報告書にはフレッドの仕事ぶりに関する記述が増えていきました。ところが共同経営する会社が合議制を重んじるあまり、フランチャイズの場所がなかなか定まらず、それで嫌気のさしたフレッドは家庭用清掃ブラシの販売会社に転職してしまったのです。

56年の晩秋、フレッドの働きぶりを知っているシカゴのシセロアベニュー店の経営者が、彼をマネジャーとして雇ってもよいかと聞いてきました。レイは大賛成する一方で、「ただし私も彼が必要なんだ。時期が来たら連れていくよ」と、フレッドが再転職するのを待たずに釘を刺したのです。

シセロアベニュー店の経営者にとっては残念なことですが、翌

57年の1月には、フレッドはマクドナルドの社員となってしまいます。出店予定地の担当責任者が必要だと痛感していたレイが、月給425ドルでどうだと打診すると、フレッドは一瞬顔を輝かせましたが、次の瞬間それが週100ドルを意味し、シセロアベニューの給料と大差がないことに気づいて、とても落胆しました。
「レイ・クロックさん、その金額ではムリです。いまの給料と変わりないうえ、通勤代もかさむ。そのうえ、いままでかからなかった昼食代とスーツのクリーニング代も必要になります。475ドル以下では受けられません」
「わかった。475ドルで手を打とう」
そうレイが答えると、2人は固い握手を交わしました。そして、これが給料についてレイとフレッドが交わした最後の会話でもありました。

この年マクドナルドは全米に25店舗をオープンし、そのすべてのオープニングにフレッドは関わることになります。彼に与えられた使命は新規参入の店舗オーナーとともに肉、パン、調味料の供給の交渉を地元業者と行うこと。供給方法から包装方法に至るまで、実務経験をもとにフレッドは様々な効率化をマクドナルドにもたらします。
中西部のメリー・アン・ベーカリーから仕入れるパンは、クラスターパンという、4個ないし6個のパンがひと固まりになったパンで、店で1個ずつ切り分ける必要がありました。ハンバーグを焼きながらパンをカットするのは手間のかかる作業でした。

ほんの数秒の作業が積もり積もって数分のムダになってしまうと考えたフレッドは、パンの納入業者に一つずつ切れ目を入れることを要求します。大量注文ということもあり、メリー・アン側に異論はありませんでした。

さらにフレッドは段ボール製造業者とともにパン用の箱を設計し、製パン所がこれを使用することで梱包費用を削減し、パン代の値下げにも成功します。同時にマクドナルド側も同規格の箱と切り分けられたパンにより、作業効率が上がったのです。

パン会社のほうも不満はありませんでした。小さな会社だったメリー・アンは、その後、焼きたてのパンを冷ますために400メートルもの長さのベルトコンベアを使うまでの会社になったのですから。

経営がうまくいっている
レストランというものは、
調子の良い野球チーム
のようなものである

フレッド・ターナーとレイの共通点はディテールにこだわる点でした。レイは、財務担当のハリー・ソナボーンのように初めからすべてがうまく機能する完全なシステムを考えるタイプの人間ではありません。

レイがマクドナルドのフランチャイズ事業を始めたのも、当初の目的はマルチミキサーを売ることでした。「もし、私がマルチミキサーに固執していたら、今日のマクドナルドの繁栄はなかっただろう」と自ら語るように、レイの長所は柔軟性に富んだアプローチです。

その手法は、まず細部を十分に検討し、完成させてから全体像に取り掛かるというもの。フレッド・ターナーも似たタイプだったので、彼と働くのは気持ちが良かったと、レイは述懐します。一方、ハリーとの衝突は絶えませんでした。しかし、マクドナルドにはハリーとレイの緩衝材となるジューンが存在し、お互いの努力をつなぎ合わせることができました。

このように、違う個性の人間が集まり、全員の能力が生きた状態をレイは、

「経営がうまくいっているレストランというものは、調子の良い野球チームのようなものである」

という言葉で表したのです。

我々が編み出した
購買システムには、
〝自動在庫調査〟
という利点があった

フレッド・ターナーの仕事を語るとき、レイは誤解を避けるために「フレッドの仕事は、会社の代わりに肉やパンなどを購入して、店舗経営者に売却することではない」と明言します。レイは前にも述べたように、業者からの購買は店の経営者が直接行うことが、フランチャイズ全体の成功のカギだと考えていたからです。

マクドナルド各店舗の購買力は、決して地域のほかのレストランに比べて上回っているというわけではありません。しかし、メニュー品目はたった９種類。必要な材料も35～40種類と少ない。そのうえ、パン、ケチャップ、マスタードは大量に購入したので、マーケットでは良い地位を築くことができました。サプライヤーのほうもコスト削減の努力を行い、より安価な価格でマクドナルドに製品を卸すことが可能になったのです。

そして、このシステムには更なるメリットがありました。それは在庫調査が簡単にできることです。経営者はハンバーガーに使われるパンとパティ（ハンバーグ用に平らに成形された肉の固まり）のその日１日の消費量を調べ、数が合わなければ、何かがおかしいとすぐにわかるのです。

マクドナルドのパティは１個あたり10分の１ポンド。1000個のパティを作るのに100ポンドの肉が必要になる計算です。もしそれが110ポンド使われていたなら、業者の納入量が少なかったか、誰かが盗んだということになります。廃棄物を詳しくチェックすれば、誰かにこっそりかすめ取られていないかを即座に見抜くことができるわけです。

このことは会計の透明化につながるだけでなく、品質の標準化にも大きく貢献しました。レイ自身、パティに対しては大きなこだわりを持っています。1933年の世界博覧会で挽き肉のパティに5つの穴を開け、くりぬかれた分の肉で本来なら16枚作られるべきパティを18枚作っていたブースを見ていたので、不正ギリギリの「やり口」を知っていました。そして、このようなやり方で利益を上げることも可能だということも知っていたのです。

しかし、クオリティを保つことでいかに顧客の信用を生むことにつながるか、その大切さが身に染みてわかっていたレイにとって、そんなやり口は笑止千万でしかありませんでした。

実際マクドナルドでも、ある店の経営者から、「パティをドーナツ型にしてコストを削減してはどうか？」と提案されたこともありました。彼の主張は「ケチャップやマスタードをその穴に入れて、その上にピクルスを入れれば客にはわからない」というもの。レイは怒る前に「こういったペテン師のような発想はいかにもシカゴらしい」と、つい笑ってしまったそうです。

QSC&Vのクリーンリネスは店の清潔度もさることながら、不正に対する潔癖な態度をも意味します。それを忘れたとき、顧客は商品のクオリティやサービスに対してどのような感情を抱くかを、真の商売人であるレイは知りすぎるほど知っていたのです。

妻たちが夫の仕事を助ける！

そんな夫婦関係こそが

事業を好転させてくれる

若い頃は昼間は営業マン、夜にはピアニストの二重生活、25歳のときに「ピアノの演奏は今後、娯楽だけのためにする。自分の持てるエネルギーは、すべて営業に捧げる」と誓い、そのとおりに実行したレイ・クロック。そんな彼の悩みの種は最初の妻エセルでした。

仕事に熱中し転居や転職をするレイをなじることは当たり前。レイがマルチミキサーの代理店を始めた頃、一緒に働いてくれと頼んだのを、エセルは頑強に拒否したのです。

「エセル、君の助けが必要なんだ。いまは他人を雇うなんて無理だよ。僕を信じて力を貸してくれ」

レイはエセルに懇願しましたが、事業が軌道に乗るまでのパートタイムでさえ嫌だと断られ、深い心の溝を感じます。

マクドナルドを始めると口にしたときも、エセルは怒り狂いました。彼女は新しいビジネスの話など一切耳にしたくないという態度を露骨に表したのです。

こういうこともあってレイは、マクドナルドのフランチャイズのオーナー夫人たちには、夫の仕事に関わるように勧めていました。

「汗水垂らしてハンバーグを焼こうが、高級机の向こう側で書類を相手にしようが、1人より2人がいいに決まっている」

というのがレイの偽らざる実感だったからです。

第5章

キャッシュの流れ

我々が破産して
一番困るのは
サプライヤーたちである。
彼らはマクドナルドの
将来性を買ってくれており、
我々がこの仕事に
賭けていることも
知っている

日本の企業ではよく、「ホウレンソウ（報告・連絡・相談）」が大切だと言われます。それはアメリカでも同じこと。特にビジネスパートナーからのホウレンソウが途絶えたときは要注意。経営者にとっては、相手の便りがないことほど、悪い知らせを予感させるものはないのです。

クレム・ボールはウィスコンシン州の土建業者。レイは彼のことを「マクドナルド草創期で出会った最高に魅力的な詐欺師」と評しています。このクレムによって、順調に滑り出しつつあったマクドナルドは、いきなり倒産の危機にさらされました。

クレムは全米各地を飛び回り、マクドナルド開店のための土地を買い、そこに自分の会社を使ってビルを建築し、レイたちに貸し出したいと提案してきました。マクドナルドを可能な限り大きくしようと躍起になっていたレイとハリー・ソナボーンは、クレムの景気のいい提案に賛成したのです。

ところが1959年のある日を境に、そのクレムからの連絡が数週間パッタリと途絶えてしまいました。クレムは８カ所の建築途中の物件を扱っていて、最初こそ熱心に進捗状況を報告してきたのに、ハリーの電話にもジューン・マルティーノの電話にも応答がないのです。

ハリーが弁護士事務所から電話をかけてきました。

「レイ、困ったことになった」

「クレム・ボールに関することか？」

レイの予感は当たりました。クレムがマクドナルドにリースした場所には留置権が残っていて、所有者からクレームが来たのです。所有権をクリアせずにマクドナルドに貸したうえ、所有者には支払いも行っていなかったのですから、訴えられて当たり前でした。

「ハリー、どのくらい金が必要なんだ？」というレイの問いに、ハリーは、最低でも40万ドルと答えました。急速な店舗拡大戦略をとっていたマクドナルドにはそんな大金はありません。ハリーはマクドナルドのサプライヤーから借金することを提案しました。マクドナルドが倒産して一番困るのはサプライヤーたちです。マクドナルドの将来性とやる気を担保に、ハリーはサプライヤーからの融資を取り付けます。その中には前出のパン会社、メリー・アン・ベーカリーも含まれていました。
「おかげで経営危機は回避されたうえ、８つの素晴らしい立地と将来的に有望なサプライヤーとの良い関係を得ることができた」と、レイは述べています。そして、「これはクレム・ボール問題があったからこそ得られたものだった」とも。

レイもハリーも借金問題があったからこそ、精神的にいっそうタフになりました。また、マクドナルドの成功をさらに盤石のものとするためには、借金によって事業拡大を加速させることが必要であることを改めて実感したのです。

借金なくしての
急成長は
不可能だった

魅力的な詐欺師クレム・ボールに対してレイは、「まるで強盗に遭って命を奪われなかったことに感謝するのと似た気持ち」と感じたそうです。それは、借金の重要性をレイに気づかせただけでなく、現金収入の必要性にも気づかせてくれたからです。

この時期は、現金収入といっても売り上げの1.9％のフランチャイズ料とデスプレーンズ店などの直営店からの売り上げ程度。借金して店舗を拡大していくことはできても、確かな現金収入の道は限られていました。

そこでレイは直営店を10店舗くらいに増やそうと思いついたのです。この直営店はレイたちのセーフティネットにするという狙いもありました。実はマクドナルド兄弟と交わした契約では設計の変更などの許可は彼らの了解なくしてはできないことになっていましたが、レイは彼らからただの一通もそれを許可する書留を受け取っていなかったからです。万一彼らが契約書は無効だと言い出しても、直営店を別の名前で運営すればよいと計算したのです。

店舗をつくるには資金が必要です。ハリー・ソナボーンはマクドナルドの22.5％の株式と引き換えに、３つの保険会社から150万ドルの融資を受ける話を持ってきました。59年、レイはこの功績によりハリーをマクドナルドの社長兼CEOに任命し、自分は会長として事業経営を継続します。

結果的にこの取引は３つの保険会社にとって最高の取引になり

ます。なぜなら、数年後には彼らが手に入れた株は700万〜1000万ドルで売れたのです。この借金により、60年代のマクドナルドは〝打ち上げロケット〟のように成長しました。

借金がレバレッジになる

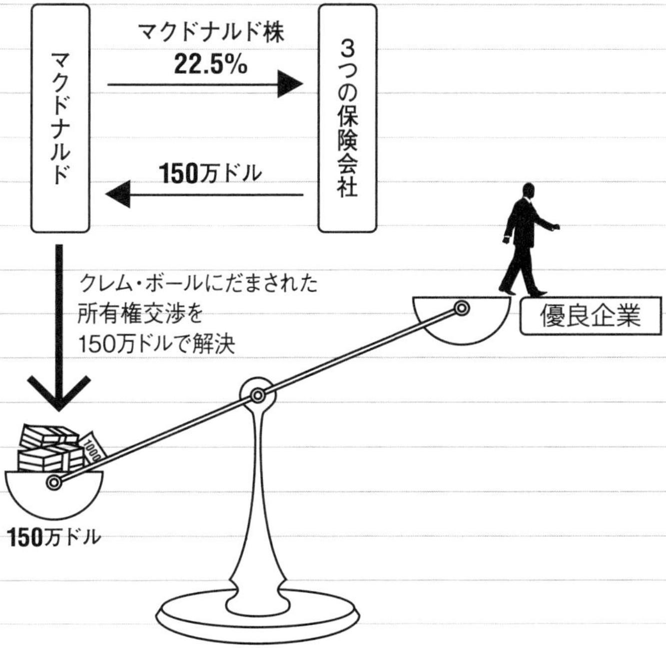

全米に店舗を拡張するために、借金に頼ったマクドナルド。保険会社から自社株を担保に借り入れてビジネスを展開。その借金をテコにして成長を続けていった！

成功するためには、

特別な経験や才能は必要ない。

常識と目標に向かっていく

強い信念とハードワーク。

この３つを愛せる人なら

誰にでもできる

初期のフランチャイジーのひとり、モリー・ゴールドファーブは後年、レイを評してこう言いました。

「調べてみればわかるが、レイ・クロックは歴史の中で最も多くの億万長者を生み出した男であろう」と。

レイはモリーの言葉に対して、「実際はどうかわからないが、多くの偉大な成功物語を間近に知っていることは確かだ」と答えています。マクドナルドのスローガンは「ビジネスは、1人では成功しない」であり、これこそがマクドナルドの成功の秘訣の一つだとレイは考えていました。

しかし、どんな成功もガッツとそれを持続させる力なしには得られないことを、レイは知っていました。特別な経験や才能は必要ありません。ただ常識と、目標に向かっていく強い信念、そして、どんなハードワークをもいとわない人物であれば、誰でも成功できると確信していました。

その確信を裏付けるのはモリー自身の成功でしょう。ロサンゼルスのラティラ通りにモリーは店を開きました。ところが、しばらくすると成長があまりにも遅いことが判明します。フルタイムの従業員さえ雇うことができず、息子のロンと2人で昼夜を問わず働くことを強いられていました。

ある日、ロンはレイに電話して、こう叫びました。

「レイ、1カ月の平均売り上げは5000ドルです。多くて7000ドル。街の向こう側にあるピークズという店は月に１万2000ドルも得ているというのに！　彼らのほうが立地条件は悪いのに!!」

不振の理由はハッキリしません。最後にはレイ自身がカリフォルニアに足を運び、あらゆる面から調べてみましたが、なんの問題も見つかりませんでした。

モリーの店の不振の原因が、モリーにあるのではないということに気づいたのはフレッド・ターナーをカリフォルニアへ視察に行かせてからです。実は純粋なマクドナルドとしてのオペレーション下で機能していたのは、マクドナルド兄弟が経営するサンバーナーディノ店のみ。ほかの店は勝手にピザやメキシコ料理であるブリトーやエンチラーダをメニューに加えている有様でした。またハンバーガーはひどい代物で、肉には心臓の部位が混ざっており、高脂肪で脂ぎっていたのです。

カリフォルニアにはレイたちとは別に、マクドナルド兄弟から直接フランチャイズ権を得ているオーナーたちが存在していて、マクドナルド兄弟は彼らのずさんな運営を見て見ぬフリをしているのです。そんな彼らの行動が真面目に働いているレイ側のフランチャイジーたちの評判まで落としていたのでした。

この事実を知ってからレイは、マクドナルド兄弟からすべての権利を買い取ることと、カリフォルニアに会社を設立して陣頭指揮を執ることの必要性を痛感します。

モリーは、その後５年間続いた業績の低迷にも負けず、調理機材分の費用を完済しました。その頃タイミング良くレイがカリフォルニアに会社を開き、地元での広告キャンペーンを展開すると、モリーにとってもそれが追い風となります。やがて低迷期を抜けて月に１万ドルを売り上げるようになると、モリーは古い店を取り壊して新しい立派なビルを建てました。

それでもレイはこのことを少しも誇りには思いませんでした。逆に誠実なオーナーたちの５年分の成長を奪う結果となってしまったことに、苦々しさを感じるのみだったのです。

〝頑張るものは報われる〟と口で言うのは簡単ですが、レイはそれを現実のものとしてオーナーに提供するために死力を尽くします。この商売人としての姿勢こそが、強い信頼感を生み出し、マクドナルド全体をいっそう成長させたのでしょう。

私は広告に出費することに
なんの躊躇《ちゅうちょ》もない。
なぜなら、
それがすべて利子とともに
自分のもとへ返ってくるからだ。
いちばん良いのは、それが
満足した顧客の笑顔として
返ってくることだ

売り上げの上がらない前出のモリーの店を立て直すのに時間がかかった原因の一つは、マクドナルド兄弟側のフランチャイズオーナーたちがレイ側のオーナーたちと、発注や購買、広告について協力しあうことを嫌がったからです。

例えばレイは、マクドナルド兄弟と直接フランチャイズ契約を結んだオーナーたちに、売り上げの１％を広告キャンペーンに献上することによって、レイ側だけでなく彼らにも利益になると説得しようとします。しかし彼らの視野は狭く、収入というのはレジに入っている現金なのだ、としか考えていないようでした。

しかし、レイは広告によって有形無形の利益が得られることに疑いを持っていませんでした。広告に出費することによって、多くの客が広告を見て来店し、そこで満足し、笑顔で帰っていった人たちは必ずリピーターになるからです。そのうえ、もう一度来たときは新たなお客様を１人連れてくる可能性もある。

また、テレビでマクドナルドのCMを見た子供は、両親にせがんで来店するので、親という客がもう２人増えることになります。広告費からはこのような直接的利益を見込めるのですが、心の狭い人にこのことを理解させるのは難しかったようです。

競争相手のすべてを
知りたければ
「ゴミ箱」の中を
調べればいい

アメリカ人の商売人が日本人とちょっと違うのは、彼らがフェアとシェア、ケアを重んじる点です。レイの商売の仕方を見ていると、確かにこの３つに対してかなり配慮している様子がうかがえます。

例えばマクドナルド自体がサプライヤーにならないという決断は、利益を独占しようとせずシェアしあうことによってお互いが成長するという考えからのものです。しかし一方では、オーナーと一緒にサプライヤーを探すなど､サポートの労は惜しみません。フェアな取引を心がけ、市場をシェアしあい、弱者にはきちんとケアする。これが世間から一流と認められるアメリカのビジネスマンの姿なのです。

天性のものか30年以上にわたるビジネス経験の賜物か、レイにはフェアの精神が根づいていました。商売ガタキとは正々堂々と闘うのは当然のこと。たまにスパイを競争相手に送り込むべきだと進言する人間もいましたが、そんなときにレイはこう答えるのが常でした。

「競争相手のすべてを知りたければゴミ箱の中を調べればいい。知りたいものは全部その中に転がっている」と。

実際にレイが深夜２時に競争相手のゴミ箱を漁り、前日に肉を何箱、パンをどれだけ消費したかを調べたことは一度や二度ではありませんでした。

そして結局のところ、自分の強みを発見して、そこを鍛え、品質、サービス、清潔さ、そして付加価値に力を入れることが、マクドナルドに追随しようとする競合相手を消滅させる一番の早道だと気づいたのです。

そのことを証明する一番のエピソードは元海軍少佐のリットン・コクランのケースでしょう。テネシー州ノックスビルにできたコクランの店は、レイたちにとって200番目の店でした。数軒先には西部の大手チェーン経営のハンバーガー店があり、リットンがマクドナルドを開いたとき、競争相手はハンバーガー５個を30セントで売り出し、１カ月間それを続けたのです。このライバル店の戦略によってリットンは一つのハンバーガーも売ることはできませんでしたが、利益は少なからず上がりました。競争相手の店でハンバーガーを買った客が、リットンの店でフライドポテトや飲み物をテイクアウトしたからです。

リットンはこのままなんとか持ちこたえよう、相手が価格設定を戻したときから、売り上げは急増するだろうと考えます。ところが競争は激しさを増し、競争相手はハンバーガー、ミルクシェイク、フライドポテトをまとめて10個買えば、１個につき10セントにするという価格設定を打ち出したのです。

リットンの友人たちは怒りを露わにし、そのうちの１人の弁護士は、向こうの価格設定は明らかにリットンの店を潰すためだから連邦取引規則に反していると言い出しました。そして政府に掛け合って競争相手を告訴すべきだと勧めます。

シカゴの会社に出向き、窮状を訴えたリットンは、レイに厳しく叱りつけられました。

「リットン、このままでは彼らに食い尽くされるぞ！　それは明らかだ。だが、私が強く感じていることを伝えたい。このアメリカを素晴らしい国にしたのは、競争社会だ。政府の力を借りてこの問題の決着をつけたら我々はおそらく破産する。だが、彼らよりもっとましな15セントのハンバーガーと迅速なサービスともっと清潔な場所を提供することができないなら、明日破産して、別のビジネスを立ち上げたほうがましだ」

レイの真意を理解したリットンはすぐさまテネシーに帰って自分の店を再構築します。その後、彼から二度と競争相手に関する問題は聞かれません。それどころか後にリットンは、ノックスビルの店舗を10店に増やし、テネシー大学で競争社会のシステムについての講義を行うほどまでになったのです。

無駄に時間を潰さないためにも、
ストレートに行くことにした。
こちらの決めた出口は
一つしかないのだから

左の言葉はマクドナルド兄弟との契約に、終止符を打つ決心をしたときのレイの心境です。兄弟との縁を断ち切りたい一番の理由は、彼らが契約書のいかなる部分の変更も認めないことで、これではマクドナルドの事業展開が遅れてしまうからでした。情報収集すると、マクドナルド兄弟に対して、マクドナルドを売却するように説得することはそう難しくなさそうです。

弟のディックは健康状態が思わしくなく、彼は引退を口にするようになっていました。そこで買収の可能性をハリー・ソナボーンと何度も議論し、弁護士を通さず彼らに真っ向から交渉してみることにしたのです。

彼らの言い値は270万ドルでした。

この苦境をハリーはブリストルズグループと結んだ複雑な契約によって乗り越えました。彼らから270万ドルの融資を受け、全マクドナルド店からの売り上げの0.5%を三期にわたって支払う。最初の期間では、0.4%を支払い、0.1%を第三期まで保留しておく。0.4%の利子については、270万ドルの金利６%をベースとして計算され、残りは元金の返済に充てる。第一期は元金が完済されて終了する。第二期の期間は第一期と同様とする。第二期において、売り上げの0.5%を直ちに支払う。第三期は、第一期0.1%の延べ払い。

1961年の売り上げを基に計算された計画では、完済は1991年までかかると予想されていました。しかし元金を６年以内に支払い、1972年にはこの複雑なローンを完済してしまいます。

この結果、ブリストルズグループは1200万ドルを得ましたが、レイはそれを微々たる金額と考えています。なぜなら完済後5年もたつとシステム全体の売り上げは30億ドルに達し、その0.5%は1500万ドル。もし、マクドナルド兄弟との縁を切っていなければ、その金額をまるまる兄弟に渡していなくてはならなかったのですから。

私はハンバーガーを
ベルトコンベアの
上に載せた

デスプレーンズ店を開店して３年後の1958年には、レイはすでに立志伝中の人物になりつつあり、それにつれて記者会見を開いたり取材に応じる機会が増えていきます。なかでも思い出深いのは、ピュリツァー賞を受賞したフリー記者のハル・ボイルのインタビューだと回想します。

――アメリカはピザパイに狂ったが、レイ・クロックはアメリカで古くから愛される食べ物、ハンバーガーで、５年間に2500万ドルのビジネスを創った。「私はハンバーガーをベルトコンベアの上に載せた」と56歳のチェーンプレジデントのクロックは言う。15セントのハンバーガーを年間１億ドルも売るのだ。

ハルのコラムはこのような書き出しで始まり、

――レイ・クロックのハンバーガー帝国は、平均で年20万ドルの売り上げの中から４万ドルもの純利益を得られるという。客が払う平均単価は66セント。「フランチャイズで失敗した店はない。我々はどうやって失敗できるのか見当もつかない」とクロックは明言した。「もしそういう店があったら、我々が立て直すよ」――という言葉で結ばれています。

しかし、レイには取材では決して口にしなかった秘密がありました。それは、店がブームになり、会計上では利益が上がっているように見えても、実は本部社員の給料の支払いもままならないほどキャッシュがなかったということです。

キャッシュがない！――そんな心配をしていた当時の会計士のゲリー・ニューマンは、レイからこんな話を聞かされました。
「じきに月10万ドルの収益を上げるだろう！　我々はビリオン・ダラー・カンパニーになるぞ！」

ゲリーは家に帰って妻にこう言います。
「レイ・クロックは頭がおかしいか、夢追い人か、その両方に違いない」と……。
ゲリーはビジネスが来週まで持つかを心配しているのに、レイは将来の億万ドル単位の成長を考えているのです。
それから１年ほどたったとき、ゲリーはあるドライブインチェーンから、マクドナルドの２倍の報酬で仕事を依頼されます。しかし彼はその仕事を断りました。ヘッドハンターが驚いてその理由を聞くと、ゲリーはこう答えます。
「なぜなら君たちの会社にはレイ・クロックがいないから」

ゲリーがマクドナルドを離れなかったのは、レイを信頼していたというだけではなかったでしょう。
土地と建物の購入に大きな費用がかかる一方で、賃貸収入は伸び悩んでいました。個人経営の店は繁盛し、１カ月に３万7000ドル以上の売り上げを上げるところもありましたが、オペレーターが所有する店は1.9％のサービス料しか本部に回ってこないので、現金収入の多くは60店あった直営店の収益です。本部社員45人の給与は売り上げより高く、ついにゲリーは給与の支払いを隔月払いに変更したような状況でした。

こんな窮状を一番よく知っているゲリーが、２倍の報酬の誘いに乗らなかったのは、やはりマクドナルドの可能性を読み取っていたからではないでしょうか。

第6章

取引先と組織

最初で最後だから
ハッキリ話そう。
私は良い製品以外、
何もいらない

マクドナルド兄弟との契約問題をクリアしたレイは、カリフォルニアに会社を立ち上げます。しかしそこでは、シカゴでは考えられないような不正がはびこっていました。

例えばシカゴでは20セントのパンが、カリフォルニアでは40セント。サプライヤーたちはカルテルをつくり、実際の値段は目の届かないところに押しやられていたのです。さらにカリフォルニアの卸売業者たちはフランチャイザーと独占契約を結ぶためには、キックバックを支払うことを当然と考えていました。キックバックの分を商品の値段に最初から上乗せしていた可能性さえ疑われるような状況でした。

レイは再三、「ハンバーガーを15セントで売れるような値段で品物を納入してもらいたい。マクドナルドが大きくなれば、あなたたちだって金に困らないようになるのだから」と卸売業者を説得します。しかし実績がなく発注が少ないうちはほとんど耳を貸す者はいませんでした。

ただし、レイの考え方に共感した取引先は発展していきます。レイが品質の良いフライドポテト用のショートニングを見つけたときのことです。数千ポンドのショートニングを発注すると、その会社の社長は会社に電話をかけてきて、大量の注文をくれた人物にぜひお目にかかりたいと言ってきました。その社長は以前コーヒーの卸業をやっていて、客がオマケでもらえる時計や有名人のサインを目当てに彼と契約する可能性があることを知っていました。

「レイさん、注文していただいたことの感謝を形にしたい。サインや時計はどうだい。何かあげられるものはないかな？」と社長が言いました。

「あなたは私という人間を知らないから、今回だけはそんなリベートの話は許そう。しかし、最初で最後だからハッキリ話そう。私は良い製品以外、何もいらないんだ。ワインを贈ったり、ディナーに誘ったり、クリスマスプレゼントを買ったりしないでくれ。その分をマクドナルドのフランチャイズパートナーたちに還元してほしいんだ」とレイは答えるのです。

その後、社長からは二度とリベートの提案はなく、彼はマクドナルドとともに会社を大きくしていきました。

ビル・ムーアという食肉業者もレイとともに成長した取引先のひとりです。ビルはレイがカリフォルニアに越してくる１年前に牧場をパートナーから買い取り、その後13カ月続けて売り上げを減らしていました。彼の工場と機材は古く、続けていくには資金が必要でした。ビルはレイに私の会社を買わないかと持ちかけますが、レイは首を縦に振りません。

「マクドナルドは供給ビジネスに参入しない。ここで頑張れ、ビル！　マクドナルドはいま15店舗しかないが、じき100店舗になる。そうしたら自分の足で立ち、我々とともに大きくなることができるんだ」

20年後には彼の精肉工場は年間３億ドル分のハンバーガー用パティを製造するだけでなく、ソフトドリンク用のシロップやミルクシェイクミックスなども製造する業者となっていきます。

また、彼が考え出した、電話１本でトラックが店に行ってすべての要求を聞くという〝ワンストップアイデア〟という方式によって、マクドナルドの流通システムに革命をもたらしたのです。

サプライヤーたちは
進んで品質を上げようと
努力するようになった。
その理由とは？

1963年頃を境に、マクドナルドは初期計画や投資による収益を回収できるようになってきました。同時にレイの創業時からの仲間、ジューン・マルティーノの夫のルイスが、マクドナルド店舗の効率化や製品の均一化に大きく寄与するようになってきます。

元電気技師だったルイスはイリノイ州のグリンエリンでの店舗経営の体験から、いまよりさらに精巧な機械設備や電力の補助が商品規格を統一するために必要だと考え、61年に研究開発所を開いていました。

彼の最初のプロジェクトは、それまでポテト担当者の主観にゆだねられていたフライドポテトの調理時間を調節するコンピュータの開発です。１回ごとにポテトに含まれる水分量に応じて揚げる時間を自動修正することによって、フライドポテトの品質を均一の状態にできるようにしました。

また、ケチャップとマスタードをパティの上に同一の分量出すことができるディスペンサーの開発も手がけました。

しかしマクドナルドが掲げた「パティ用の牛肉は脂肪分が19%以内でなくてはならない」という規約は、実行には難しさが伴いました。多くのサンプルを研究所に持ち込み、テストを行わなくてはならなかったからです。

それもファットライザーの開発によってクリアされます。非常にシンプルかつ精巧なこの機械は、自らの手でフランチャイジーが自分の店の肉の脂肪分を計測することを可能にしました。そして、19％以上の脂肪が含まれた肉が配達されたらフランチャイジーはその配達を拒否することができるようになったのです。この結果、サプライヤーたちは自ら進んで品質を上げようと努力するようになったのです。

このようにマクドナルドが求める製品の品質基準が明確になるにつれ、カリフォルニアの店舗経営も好転していきます。キックバックやカルテルによってビジネスを行おうと考えている業者が、マクドナルドの周りから減っていき、レイの経営方針に対して理解を示す業者が現れてきたのも、その要因の一つだったのではないでしょうか。

ルールをつくり、それを守り、守らせる――これを実行に移すことは、簡単そうで意外に難しいことです。しかしマクドナルドという企業は、そのためのシステムづくりを真摯に考えていたのです。サービスの均質化によって全米のどのマクドナルドに行っても、同じ満足感を得ることができる――これこそがマクドナルドが成功するためのカギだと、レイは信じていました。そのレイの判断は正しかったのです。

職権というものは
一番下のレベルにいる人の
手にあるべきだ。
実はそんな組織が一番強い

ハリー・ソナボーンとレイの仕事に対する考え方の違いは、ハリーが会長兼CEOになるとさらに顕著になっていきます。２人の思考は組織づくりの面で、大きく異なっていたからです。

ハリーは本部が下を締め付けるという、独裁的な縦型組織を目指そうとしましたが、レイは違っていました。彼は、職権というものは一番下のレベルにいる人の手にあるべきだと常に考えていたのです。店に一番近い立場にいる人間が、本部に指示を仰がずに決断することができる――こういう組織こそ強い組織だと考えていました。

レイはペーパーカップ会社のリリー・チューリップ社でジョン・クラークのもとで働いた経験から、人は押さえつけようとすれば、息が詰まってしまい、良い人材はよそへ流れていくと知っていました。また、現場で決裁できないことが、いかに仕事のスピード感を削ぐかをマクドナルド兄弟との契約から学んでいました。だからこそ、職権を下のレベルの人間に持たせることこそが、彼らが企業とともに成長する道だと考えていたのです。たとえ彼らが間違った決断をしでかすことがあってもなお、それが成長するための唯一の方法だとレイは確信していました。

ハリーとの仲が決定的に悪化したのは取締役副社長の選任のときです。レイが次期副社長にフレッド・ターナーを推したのに対し、ハリーは自分が連れてきた野心家の不動産屋、ピーター・クロウを推薦したのです。

レイがマクドナルドをハンバーガービジネスとして考えていたのに対し、ハリーは不動産ビジネスととらえていたのです。

結局、ピーター・クロウが不動産、施工、ライセンスを含む新店舗開発担当。フレッド・ターナーは広告、オペレーション、マーケティング、小売りを担当。そしてハリー子飼いの会計士と弁護士の資格を持つディック・ボイランという人物が予算と会計の担当責任者となる「トロイカ体制」にすることで落ち着きます。

しかし、レイが考えていたように３人の権限が均等ではなく、財布のヒモを握っていたのはハリーで、子飼いのボイラン以外の役員には〝予算を与えず、権限は一切なく、ただ責任のみがある〟という状況になってしまいます。

そのうえ、ハリーは銀行家から「1967年にアメリカは不況に陥る。新店舗建設はストップするべきだ」と吹き込まれ、すべての建設が止まってしまうのです。その件でレイとハリーは口論し、それがキッカケとなって、やがてハリーはマクドナルドを辞することになります。

ハリー派とレイ派の間の確執は、ハリーの辞職によって鎮静化します。しかし、経営陣のうちの数人はハリーとともに職を辞しました。

クロウはナマズ料理のチェーンに参加するために故郷のアラバ

マに帰りましたが、意外にもハリー派と思われたボイランはマクドナルドに残りました。レイがオペレーション業務の経験のない人間を経営者には選ばないとわかっていたようですが、最高財務責任者として会社に残ることに同意したのです。おかげでハリーの辞職によって懸念された財界とのパイプにヒビが入ることが避けられました。

　こうして職権が社員たちの手に戻ると、社内には「マクドナルドはハンバーガービジネスに戻ったぞ！」という喜びの声が上がり、活気が生まれました。

　レイの信念は〝企業はマネジメントを最小にとどめることで、最大の結果を得ることができる〟。つまりこれは言ってみれば、個人個人が力を発揮できる組織こそが、強い組織なのだということです。

バカ野郎！

景気の悪いときこそ、

店舗を

建てるチャンスだ！

ハリー・ソナボーンが会社を辞すると、レイは代表取締役兼会長となり事業のテコ入れに着手します。ハリーによってペンディングにされていた33カ所の新店舗建設予定地を調べてみると、いずれも将来性のある素晴らしい土地でした。

ところが担当責任者から、店舗建設は地域経済が活性化するのを待ってからがいいと提案されます。

レイはカンカンに怒りました。

「バカ野郎！　景気が悪いときだからこそ、建てるんだ！」

景気が上向きになるまで待っていたら、建てるときにはいまよりずっと資金が必要になりますし、ライバル店も進出してくるでしょう。しかし、すぐに建てれば、店自体が街に活気を与え、お客の多くがマクドナルドを覚えてくれます。どっちの道がビジネスとして正しいかは自明の理でしょう。

しかし凡人は往々にして、客を見ずに自分の財布の中身だけ見て商売をしようとしてしまいます。こういう態度に、レイは我慢がならないのです。

〝お客様にメリットを与えてこそ商売になる〟というポリシーと、大局観から損得勘定をするセンスが、レイを超一流の商売人に育て上げたのです。

他人がいくら儲かるかなど
気にしたことはない。
私が気にすることは、
それが
マクドナルドにとって
正しい判断かどうかだけだ

財務担当責任者のハリー・ソナボーン辞任後、レイが経営権を握った理由の一つは、ハンバーガーの値上げ問題の舵取りを自らの手で行いたかったからでした。

1967年の１月に創業以来のポリシーでもあった１個15セントのハンバーガーを値上げしたとき、世間にどんな影響を及ぼすかはまったく不透明でした。しかしインフレの影響から、どんなに仕入れを見直しても15セントでハンバーガーを売ることが不可能になりつつあり、値上げはやむを得ません。

このとき社内には20セントにするべきだという意見がありましたが、レイは18セントに留めるべきだと強硬に否定します。顧客の立場から考えると、２セントの差は大きいとレイは主張し、売り上げ数と客数が予想通りとなるのか、固唾を呑んで見守りました。

レイたちの予想は、以下の通り。最初は常連客がそのまま来店し、売上高は急騰。そして、しばらくすると客はライバル店に移り急激に売り上げが下落。その後、ライバル店が続いて値上げし、常連客が戻り、売上高が一定に上昇するというものでした。

そして実際、予想通りの結果となりました。１月に売上高は22％上昇し、２月には過去最悪の売上高を記録。客数も９％落ち込みます。客足が戻るにはほぼ１年かかりましたが、 商品の２割を20％値上げしたことで直営店収入が増加し、67年度は大きく利益を上げて終えることができたのです。

積極的な広告戦略も、値上げによる打撃を最小限に抑える一助となりました。前年の66年には、辞職前のハリー・ソナボーンがワシントンＤＣを含む全州からミュージシャンを２人ずつ選出する、マクドナルド全米高校バンド選手権の企画を承認。メイシーズの感謝祭パレードに出場し、イメージキャラクターのドナルド・マクドナルドのお披露目をしています。その勢いで初のスーパーボウルのテレビ中継にも協賛していました。

レイに経営権が移ってから、CM戦略には拍車がかかります。総売り上げの１％をオペレーターズ･ナショナル基金に寄付することで、テレビで自分の店を宣伝できるシステムや総売り上げの一部を地方市場の広告協同組合に寄付することで店のキャンペーンを円滑に行うシステムをつくり上げたのです。こうして難しい局面を乗り越えた68年、レイはフレッド・ターナーに経営のバトンを渡したのでした。

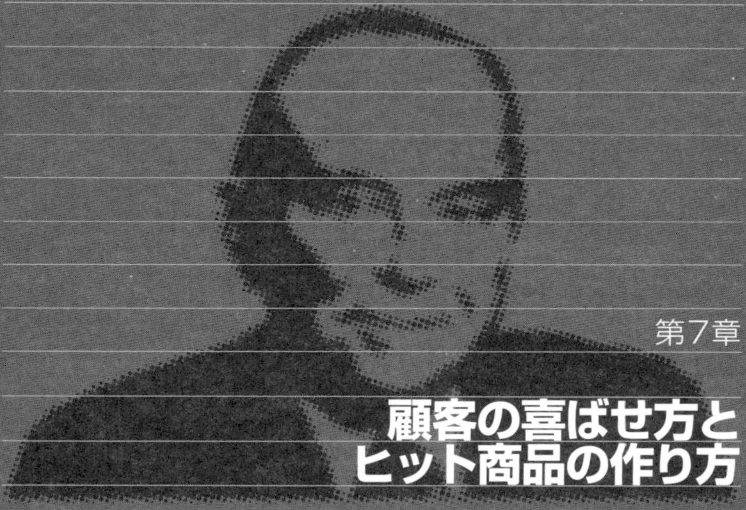

第7章

顧客の喜ばせ方と
ヒット商品の作り方

「人を釣り上げる魚」

それがフィレオフィッシュ

レイは資本主義の本質は〝競争原理である〟ということを、骨身に染みてわかっている経営者でした。
「相手が溺れかかっていたら、そいつの口にホースを突っ込んでやる」というのが、アメリカ流の適者生存の法則だと信じていたのです。

そんな彼でしたから、どんなに自分が劣勢であっても、あきらめずに〝勝ち目〟を見出そうというガッツも人並み以上でした。

シンシナティのカトリック教区にある店は、競合相手のビッグボーイズ・チェーンに毎週金曜日は惨敗していました。その理由は、金曜日は教会が肉食を禁じていたから。そしてビッグボーイズのメニューにはフィッシュサンドイッチがあったからです。

そんな経緯もあって、シンシナティ店のオーナーが魚のアイデアを持ってきましたが、レイは断固反対しました。「法王がシンシナティに来たらハンバーガーを食べさせたらいいじゃないか。我々のレストランを魚臭くするなんてまっぴらだ！」とまで言い放ったのです。

しかしオーナーは「魚を売るか、店を売るかのどちらかを選択しなくてはならない」と詰め寄ります。

しぶしぶ説得に応じたレイは、キッチンで開発中のフィッシュサンドイッチを試食しました。そのとき、店の若いスタッフがフィッシュサンドと一緒にチーズを食べていると小耳に挟み、大声を上げました。

「そうだ！　このサンドイッチに欠けているのは１枚のスライスチーズ……、いや半分のスライスチーズだ！」

これがマクドナルドのフィレオフィッシュにチーズが入った経緯です。最初はエリア限定で販売をスタートしましたが、他店からも要望が殺到しました。そして「人を釣り上げる魚」というキャッチフレーズの下、1965年には全店舗で販売するようになる大ヒット商品となります。

またビッグマックはバーガーキングや周囲のいろいろな飲食店に勝つために作られました。このアイデアはピッツバーグのオーナーからのものです。

エッグマフィンはレイがクリスマス休暇でサンタバーバラを訪れていた1972年の年末に、現地のオペレーターから提案されたものです。テフロンの輪の中で焼かれた目玉焼きの黄身を崩し、スライスチーズとカナディアンベーコンで飾り、バターつきのイングリッシュマフィンとともに食べる試作品に、レイはほとんど興味がありませんでした。しかし、ひと口味見した途端、即決します。

「おいしかったのだ！　すぐにでも全店に置きたかった」

朝食ビジネスに参入することには、リスクもありました。仕入れや製造のラインの整備だけでなく、朝食を導入すると従業員の労働時間がその分増え、人の増員や新たなトレーニングも必要になります。しかし、これは大きなビジネスチャンスでもあるのです。レイはこのチャンスを見送りはしませんでした。３年後に、この商品はフレッド・ターナーの妻により「エッグマックマフィン」と名付けられ、朝食メニューの導入を希望するフランチャイジーたちから売り出されるようになったのです。

レイはこれらの新商品がフランチャイズオーナーのアイデアから生まれたことを、素晴らしいことだと考えていました。
「会社は１人のオーナーの発明により利益を得、彼らは我々の広告力や企業イメージにサポートを受けている。これが私の理想とする資本主義のあり方だ」という言葉を、レイは遺しています。
敵に厳しく当たり、敵に負けないためには、個人の自由な発想とチームワークがともに必要だということも、レイは強く理解していたのです。

ピザを売ることは可能だ。

だが、

ホットドッグは絶対に売らない

口の悪いレイですが、こと商売と顧客に対しては大変誠実な人でもありました。左の「ピザを売ることは可能だ。だが、ホットドッグは絶対に売らない」という言葉は、そのことを裏付ける良い例です。

なぜホットドッグを売らないか？　それはホットドッグのソーセージの中身に何が入っているかを、当時は見分けることができなかったからなのです。

マクドナルドの品質を守るためには、そういった商品は置けない。マクドナルドのアイデンティティを保つためには、絶対できないことであるとレイは考えていたのです。

利益を得るシステムが確立すると、仕事というものはいつの間にか「右から左」になりがちです。「利潤が上がっているからいいや」という気持ちが心を支配し、つい商品に対しての責任感が薄れてきてしまうものです。

しかし商売人のレイは、そういう慢心こそが、信用を大きく失墜させ、その結果として利潤を生むシステムまでをも崩壊させてしまうことを知っていました。

商売人の誠実さ——それは、口の良し悪しではなく、商品への責任感で測られるものなのです。

プロ野球の選手は
応援してくれるお客に対して
最高のパフォーマンスを
提供しなければならない

子供の頃、シカゴ・カブスの選手たちの足のサイズまで暗記していたほどの野球ファンだったレイの夢は、シカゴ・カブスを買収することでした。1972年、オーナーのフィル・リグレーにオファーを出しましたが、受け入れてはもらえませんでした。レイは球団を買おうとしていたことを頭から追い出し、すべてを忘れることにしたのです。

ところが、2年後のある日、ロサンゼルス行きの飛行機の中でサンディエゴ・パドレスが売りに出されているという記事を読むと、矢も楯もたまらずに買収する決心をします。

当時のパドレスは5年連続の最下位。スポーツ記者たちはチームを立て直すのには少なくとも3年はかかると言っているほどの弱小球団だったので、サンディエゴでレイは、ヒーローのように扱われました。年寄りから少年たちまで、レイを見かけると路上で引き留め、「サンディエゴのために野球を救ってくれてありがとう」と感謝されたのです。

そんな弱いチームだったので、開幕のアウェーゲームで3連敗。でもレイは驚きませんでした。最初のホームゲームを観戦し、プレーボールの直後に対戦相手のアストロズの一番バッターが一塁に進んだときは、興奮して冷静さを失ったくらいです。

しかし、回を重ねるごとにパドレスの怠慢プレーにレイはうんざりしていきます。

あまりのふがいないプレーの連続に、レイは怒って音響ブースで実況中継していたアナウンサーのマイクを奪い取り、こう叫びました。

「こちらレイ・クロックです。良いニュースと悪いニュースがあります。この球場より大きいカバス・レヴィン球場でロサンゼルス・ドジャースの開幕戦が開催されたときより、この試合は1万人多い来場者数となりました。これが良いニュースです。悪いニュースとは、我々がひどいゲームをお見せしているということです。謝罪します。私はうんざりしています。これは私が見た中で一番くだらない、最悪の試合です！」

この前代未聞の事件のおかげで、レイはコミッショナーに〝形式的な〟謝罪をしなければならなくなりましたし、その後オフィシャルアナウンサー以外は公共放送用のマイクを使ってはならないという新ルールまで生まれました。

しかし、レイは後悔などしませんでした。「後悔することがあるとすれば、なぜもっときついことを言わなかったのかということくらいだ」と語ったほどです。

レイはマクドナルドのスタッフなら熟知していることを、選手がわかっていないことに腹を立てたのです。それは、

「お客はお金を払った分だけの価値を受け取るべきだ」

という商売の基本。これは商売人レイのこだわりでもあるのです。

レイは「選手は応援しているお客に対して、最高のパフォーマ

ンスをしなければならない」と公言した最初のオーナーであることを、誇りに思っていました。

　マスコミはレイをこぞって非難しましたが、「自分のベストを尽くして負けたときでない限り、試合に負けることは罪である」というレイの論点については否定されなかったからです。

Photo by Thomas S. England/Time Life Pictures/Getty Images/AFLO

パドレスの選手を激励するレイ・クロック

伝統なんてクソくらえ

私がオーナーのチームには

まともな給与を与える！

お客はお金を払った分だけの価値を受け取るべきだ――このレイのこだわりは、パドレスの球団経営にも存分に生かされました。若い頃、ジャズピアニストとして培われた即興性やエンターテイナーとしての才能が、球団の人気を着実に上げていく原動力になっていったのです。

レイのアナウンス事件の直後、相手チームのアストロズの三塁手ダグ・レイダーは、「彼は誰に向かって話しているんだ？　即席料理のシェフか？」とからかい半分のコメントをしました。レイはすかさず報道陣を前にして、「レイダーはすべての即席料理のシェフを侮辱した」と訴え、「サンディエゴに住むシェフを次のアストロズ戦の開幕戦に招待する。シェフの帽子をかぶってきたら、入場料は無料だ」と言ったのです。

試合開始の前、レイダーはホームベース上でシェフ帽をプレゼントされて苦笑しました。数千人集まったシェフたちは三塁側の席に案内され、試合中にレイダーがプレーをするたびに思う存分ブーイングを浴びせたそうです。ちょっとしたことをおふざけのイベントにしてしまうレイのセンスに脱帽です。

レイダーにとっても、この一件はしこりを残すどころか、サンディエゴでの人気を上げるキッカケともなったようです。なにしろ後に彼は、パドレスに入団したくらいですから。

レイがオーナーになってから２年間、パドレスは負け続けたのにもかかわらず、来場者はうなぎ登りに増えていきます。時にはグラウンドに１万ドルをばらまき、ランダムに選んだ40人につかみ取りをさせるといったイベントをゲーム前に企画するなど、客を惹きつけることを常に考えていた結果でしょう。

対価に関するレイのこだわりは、顧客との間だけではありません。レイは、働いているスタッフたちにも、働いて結果を出した分の対価を与えるべきだと考えていました。

あるとき、幹部スタッフの給与額を聞き、レイは愕然としました。球団の運営を任されているバジー・バベシは、野球界の人間は本当に少ない金でつつましやかに暮らすのが伝統だと言いましたが、レイはこう言い放ちます。

「伝統なんてクソくらえ。私がオーナーのチームには、まともな給与を与える！」

バジーは、球団は利益の出る良い年よりも、儲からない悪い年のほうが多いので、という理由で昇給には反対しました。そこでレイは譲歩し、昇給に値するその分の対価を、チームが連勝したときとクリスマスには全員にボーナスを与えることで決着したのです。

数年後、バジーはレイの考えが正しかったのを認めざるを得ませんでした。なぜならパドレスは、その後、どんどん好成績を残すようになっていったからです。

人は一度に一足の靴しか履けない

マクドナルドを成功させたレイは、ときに「金に貪欲だ」と非難されることがありました。しかし、レイは自信を持って「金だけのために何かをしたことなどない」と言い切ります。

レイが財政会議のスピーチを終えたとき、ある男が立ち上がってこんな言葉を投げかけました。

「レイ・クロックさんがそんなに気力と情熱があるとは興味深いですね。あなたはマクドナルドの株を400万株持っていて、1株5ドルに上がったのはみなさんご存じですよね」

レイは当惑しながらマイクの前に立ち、「だから何だっていうんです？　それでも私は一度に一足の靴しか履けないんですよ」と答えました。

レイは金がすべての問題を解決してくれるとは考えていませんでした。むしろ金は問題を生み出し、金の分だけさらに問題が大きくなるということを、長年の鍛えられたビジネスの中で骨身に染みて知っていたからです。

やり遂げろ！

――この世界で継続ほど価値のあるものはない

成功物語は、決して教育からは生まれない。信念から生まれるのだ――これがマクドナルド創業者、レイ・クロックの経営哲学の真髄です。

やり遂げろ――この世界で継続ほど価値のあるものはない。
才能は違う――才能があっても失敗している人はたくさんいるではないか！
天才も違う――恵まれなかった天才は、ことわざになるほどこの世にいるではないか！
教育も違う――世界には立派な教育を受けた落伍者がいっぱいいるではないか！
信念と継続だけが全能である！

この考え方がマクドナルドを成功へと導いた精神だとレイは言います。そして、社長から新入社員に至るまで、すべてのビジネスマンに伝えたいことは、

「働くこと、働かされることを楽しめなければならない」

ということなのです。

ただ、いつもレイは、「現代人には仕事を楽しむ方法を学ぶ機会が与えられていない」と危惧していました。自分の人生から、少しずつ少しずつリスクを取り除くのを目標としているような教育では、本当の幸せを得られないと考えていたからです。

つまり――、

誰かに幸福を与えることは不可能。

唯一できることは、その人に幸福を追う自由を与えること。

人の幸福を約束することは誰にもできない。幸福はどれだけ頑張れたか、という努力によって得られる、その人次第のもの。

――なのです。

そして、幸せを手に入れるためには、幾多の失敗やリスクを越えていかなければなりません。床に置かれたロープの上を渡っても、幸せは決して得られないのです。リスクのないところには成功はなく、従って幸福もありません。

レイは、商売人として生きるということを以下のように定義します。

「我々が進歩するためには、個人でもチームでも、パイオニア精神で前進するしかない。企業システムの中にあるリスクを取らなければならない。これが経済的自由への唯一の道だ。ほかに道はない」

と――。

[著者略歴]

レイ・A・クロック

Raymond Albert Kroc (1902-1984)

アメリカ・イリノイ州オークパーク生まれ。高校中退後、ペーパーカップのセールスマン、ピアノマン、マルチミキサーのセールスマンとして働く。1954年、マクドナルド兄弟と出会い、マクドナルドのフランチャイズ権を獲得、全米展開に成功。1984年には世界8000店舗へと拡大した(現在マクドナルドは世界118カ国に約30000店を展開)。後年にレイ・クロック財団を設立。さらにメジャーリーグのサンディエゴ・パドレス獲得など精力的に活動を行った。本書原題の"GRINDING IT OUT"はいまも多くのアメリカの学生に読まれ続けている。

超訳・速習・図解

成功はゴミ箱の中に 億万長者のノート

2012年9月19日　第1刷発行
2012年9月25日　第2刷発行

◉編著者　プレジデント書籍編集部
◉発行者　長坂嘉昭
◉発行所　株式会社プレジデント社
〒102-8641　東京都千代田区平河町2-16-1
平河町森タワー13階
電話：編集 (03) 3237-3732
販売 (03) 3237-3731
http://www.president.co.jp/book

◉装　丁　竹内雄二
◉編　集　桂木栄一
◉印刷・製本　図書印刷株式会社

ISBN978-4-8334-1993-2
Printed in Japan

成功は
缶コーヒー
の中に
SUCCESS!
ポッカコーポレーション創業者
谷田利景
コーヒー
Coffee
ヒット商品の連発で
「コカ・コーラに挑んだ男」が
熱く説く仕事のヒント46
プレジデント社